ClimatePartner°
klimaneutral
Verlag | ID: 128-50040-1010-1082

Dieses Buch wurde klimaneutral hergestellt.
$CO_2$-Emissionen vermeiden, reduzieren, kompensieren – nach diesem Grundsatz handelt der oekom verlag. Unvermeidbare Emissionen kompensiert der Verlag durch Investitionen in ein Gold-Standard-Projekt. Mehr Informationen finden Sie unter www.oekom.de.

Bibliografische Information der Deutschen Nationalbibliothek:
Die Deutsche Nationalbibliothek verzeichnet diese Publikation in der Deutschen Nationalbibliografie; detaillierte bibliografische Daten sind im Internet über http://dnb.d-nb.de abrufbar.


Gesellschaft für ökologische Kommunikation mbH,
Waltherstraße 29, 80337 München

Umschlaggestaltung: Elisabeth Fürnstein, oekom verlag
Umschlagabbildung: © tai111 – Fotolia.com
Druck: Bosch-Druck GmbH, Ergolding

Dieses Buch wurde auf 100%igem Recyclingpapier gedruckt.


ISBN 978-3-86581-794-5

RECYCLED
Papier aus Recyclingmaterial
FSC® C011862
FSC www.fsc.org

Hans Holzinger

# Von nichts zu viel
# Für alle genug

## Perspektiven eines neuen Wohlstands

# Vorwort
# Das rechte Maß in allen Dingen

Der Aufbau sozialer Marktwirtschaften nach 1945 war zweifellos ein Erfolg. Was als Wirtschaftswunder in die Lehrbücher eingegangen ist, bedeutete nicht nur einen kontinuierlichen Anstieg des privaten Konsums, sondern ermöglichte auch den Aufbau sozialer Sicherungssysteme, die Ausweitung der Bildungsangebote, kostenlose Gesundheitsversorgung sowie die Stabilisierung der Demokratie. Doch seit den 1970er-Jahren mehren sich die Krisen. Die ökologischen Folgen des Konsumwachstums lassen sich nicht weiter verdrängen; der Konkurrenzdruck in den Unternehmen und auf den Arbeitsmärkten nimmt zu, der gesellschaftliche Konsens über die Notwendigkeit von sozialem Ausgleich ab. Statt sinkende Wachstumsraten bei sich sättigenden Märkten als neue Normalität anzunehmen, wurde versucht, die Wachstumsmaschine mit immer höherer Verschuldung in Gang zu halten. Und Finanzgeschäfte wurden als neue Goldgrube entdeckt. Viel Geld zu machen ohne dafür arbeiten zu müssen, galt plötzlich als opportun. Die Finanzmärkte begannen zu boomen, die Gehälter von Managern stiegen ins Unermessliche. Politik und Staat wurden abgewertet, Deregulierung und Privatisierung als Allheilmittel gepriesen. Als zuletzt das spekulative Finanzcasino platzte und sich riesige Vermögen als Schein entpuppten, riefen gerade jene nach dem Staat, die ihn zuvor zu demontieren versuchten. Dieser sprang ein und verschuldete sich weiter.

Nun war früher beileibe nicht alles besser. Hierarchische Familien- und Gesellschaftsstrukturen engten die Freiheitsräume vieler Menschen ein. Doch leben wir heute in einer paradoxen Situation: Trotz einer historisch und im Weltmaßstab einzigartigen Wirtschaftsproduktivität steigen die Unzufriedenheit, die emotionalen Belastungen und die Zukunftsangst. Dabei entsprechen den gefühlten Ängsten durchaus zunehmende reale Steuerungsprobleme in einer immer schneller und komplexer werdenden Welt. In Gesellschaft, Wirtschaft und Politik sind wir konfrontiert mit permanenter Beschleunigung. Aktivität ist Trumpf. Wer zu spät kommt, den bestraft das Leben beziehungsweise der Markt. Doch das kann nicht auf die Dauer gut gehen. Wer zu schnell rennt, brennt aus. Gesprochen wird von der ›erschöpften Gesellschaft‹ sowie von der ›Gesellschaft der Angst‹.

Krisen können zu Chancen werden, wenn wir die richtigen Fragen stellen. Denn wer die falschen Fragen stellt, bekommt auch die falschen Antworten. Ein wesentlicher Schritt erscheint mir in der Suche nach neuen Balancen zu liegen.

›Gutes‹ hört auf gut zu sein, wenn wir zu viel davon wollen. Und es schlägt um in sein Gegenteil, wenn es absolut gesetzt und nicht mehr hinterfragt wird. Was einmal richtig und erstrebenswert war, kann unter geänderten Bedingungen seine Sinnhaftigkeit verlieren; etwa Wohlstandsmehrung durch noch mehr Güter.

Zudem ist die permanente Suche nach dem noch Besseren wohl der Feind des Guten. Wer sich nie zufrieden geben kann mit dem, was er oder sie *hat*, wird nie zufrieden *sein*. Ankommen hat etwas Befreiendes, wirkt jedoch in einer Kultur, die auf ständige Optimierung getrimmt ist, verdächtig. Wir können nicht sagen, dass ›Wenig‹ immer gut ist und ›Viel‹ immer schlecht, dass ›Langsam‹ immer besser ist als ›Schnell‹ oder ›Klein‹ immer besser als ›Groß‹. Es geht um das rechte Maß, das immer wieder neu zu finden und zu reflektieren ist.

Zum rechten Maß gehören wesentlich die Ziele eines guten Lebens. ›Als sie die Orientierung verloren, verdoppelten sie ihre Marschgeschwindigkeit‹ – diese Aussage *Mark Twains* vor mehr als hundert Jahren ist heute wohl aktueller denn je. Es geht also um die Ziele, um die Frage, wo wir hin wollen, und nicht um das Immer-Schneller-Unterwegs-Sein.

In allen Religionen ist Mäßigung als Ziel verankert, auch wenn sich die Kirchenfürsten beileibe nicht immer daran gehalten haben. Und schon Aristoteles sprach vom

›rechten Maß‹, wohl um der Prunksucht der Oberschicht im antiken Athen entgegenzuwirken. Am Torbogen zum Orakel von Delphi stand geschrieben: ›Von nichts zu viel‹. Das Wuppertal-Institut hat vor zehn Jahren ein Paper zu diesem Motto verfasst.

Wir können auch sagen: In vielem kommt es auf die Dosis an. Es kann von etwas zu wenig geben, aber auch zu viel. Nun lässt sich diese richtige Dosis nicht allgemein festmachen. Doch es gibt Erfahrungswerte. Die Kunst des guten Lebens sowie – dieses unterstützend – der guten Wirtschafts- und Regierungsführung besteht darin, immer wieder nach dem richtigen Maß zu streben und gemeinsam über die Ziele eines guten Lebens nachzudenken.

Dazu zählt wesentlich, dass alle ihr Leben in Freiheit gestalten können, niemand Hunger leidet und niemand Angst haben muss hinauszufallen. Es geht somit auch um das ›Genug für alle‹ – ein schönes Ziel. Wird es für immer Utopie bleiben? Fest steht, dass wir weit davon entfernt sind. Ja, es scheint sogar, dass die Fähigkeit zu teilen abnimmt, je reicher Menschen oder Gesellschaften sind. Der zögerliche Umgang Europas mit den Flüchtlingen – ob sie nun aufgrund von Kriegswirren oder aus wirtschaftlicher Not zu uns kommen – belegt es. Und dass noch immer Menschen verhungern, während andere Riesenvermögen anhäufen, belegt es auch. Es steigt nicht nur die Zahl der Notleidenden und um das nackte Überleben Ringenden, sondern auch die Zahl der Millionäre und Milliardäre. Der Fluch des Geldes liegt wohl in der Möglichkeit, dass dieses – anders als physische Güter – schier unbegrenzt angehäuft werden kann. Und freiwillig etwas davon abzugeben, fällt offensichtlich schwer.

Aber es gibt doch viele, die ihr Herz und auch ihre Brieftasche für Ärmere öffnen, viele, die sich für eine bessere Welt engagieren. Dies mögen Sie als Gegenargument vorbringen. Und vielleicht auch, dass jede Gesellschaft nur eine bestimmte Zahl an Flüchtlingen oder Zuwandernden verträgt. Beides mag stimmen. Und doch lenkt es vom Umstand ab, dass kollektives Teilen gerade in den Wohlstandsdemokratien schwer fällt.

Kollektives Teilen geht dabei über karitative Hilfe weit hinaus. Gemeint ist die Fähigkeit, demokratische Mehrheiten für eine faire Verteilung des Reichtums mobilisieren zu können. Denn: ›Genug für alle‹ bedeutet in einer endlichen Welt auch: ›Für niemanden zu viel‹. ›Die Welt hat genug für alle, nicht jedoch genug für die Gier von wenigen‹ – dieser Ausspruch von *Mahatma Gandhi* gilt wohl heute mehr denn je. Im 20. Jahrhundert wurden für die Menschen in den Wohlstandsgesellschaften die materiellen Grundrechte weitgehend verwirklicht; was nicht bedeutet, dass es in Bezug auf Fairness und Chancengerechtigkeit nichts mehr zu tun gäbe. Die große Herausforderung im 21. Jahrhundert lautet jedoch, die materielle

Grundversorgung für alle Erdenbürger und Erdenbürgerinnen sicherzustellen – dies auf einem physisch und ökologisch begrenzten Planeten. Mit einer ›Globalisierung de luxe‹, in der wir uns aus der weltweiten Arbeitsteilung nur die Vorteile herauspicken, worauf der Philosoph *Richard David Precht* zu Recht verweist, wird das nicht zu machen sein. Notwendig ist eine globale Umverteilung, was auch eine Konsumzurücknahme in den reichen Gesellschaften erfordert.

Meine Einladung gilt daher der Suche nach einem neuen Wohlstandsmodell, das nicht nur auf den förderlichen Dingen eines guten Lebens, sondern auch auf der richtigen Dosis von allem basiert. Die Frage, was uns zufrieden macht, ist dabei nie endgültig zu beantworten, sie bleibt ein Suchprozess. Und das gute Leben kann auch nicht verordnet werden. Doch es lassen sich Leitplanken darüber aufstellen, was dieses gute Leben fördert und was es behindert.

Es gibt mittlerweile viele hoffnungsvolle Ansätze eines anderen Wirtschaftens und Zusammenlebens. Doch noch handelt es sich um Nischen und die herrschenden gesellschaftlichen und ökonomischen Strukturen behindern diese eher statt sie zu fördern. So nehmen die Ausführungen ganz bewusst auch die gesellschaftlichen Bedingungen in den Blick, die für ein gutes Leben für alle notwendig sind. Jeder und jede kann zur Umsteuerung beitragen.

Gefordert sind aber insbesondere Politik, zivilgesellschaftliche Organisationen und Unternehmen und damit wir alle nicht nur als ökologisch und ethisch verantwortungsvolle Konsumenten und Konsumentinnen, sondern auch als engagierte Bürger und Bürgerinnen.

Das Buch bietet keine fertigen Antworten oder gar Rezepte, sondern gibt Anregungen dazu, wie ein neuer Wohlstand in den Grenzen der Natur und unter Berücksichtigung des Rechts auf ein gutes Leben für alle Menschen auf dem Planeten erreicht werden kann.

Wir leben ökologisch über unsere Verhältnisse, doch kulturell unter unseren Möglichkeiten. Diese Möglichkeiten auszuloten, ist eine lohnende und spannende Aufgabe. Sie trägt zugleich dazu bei, Reduktion nicht als Verzicht sondern als Zugewinn zu begreifen.

Das gemeinsame Nachdenken über einen anderen Wohlstand sowie das Erproben und Einüben von Alternativen wird dabei selbst zum Bestandteil dieses guten Lebens. Meine Grundüberzeugung vorweg: Wirkliche Erfüllung finden wir nicht in den modernen Konsumwelten, sondern in der Fähigkeit zu genießen und im gemeinsamen Engagement, das über uns selbst hinausweist und die Welt ein Stück besser macht. Dazu möchten die Ausführungen Mut machen.

Zum Aufbau des Buches: Wir nähern uns zunächst dem Diktum vom rechten Maß an einigen Alltagsphänomenen (Kap. I), wenden uns in der Folge den Schattenseiten des modernen Konsumkapitalismus zu (Kap. II–III), um dann Perspektiven eines neuen Wohlstands in insgesamt acht Dimensionen auszuloten (Kap- IV–XII). Der Ausblick fasst nochmals wesentliche Schritte zusammen, die auch auf politischer Ebene zu setzen wären, um die anvisierten Ziele zu erreichen.

In der 2012 erschienenen Publikation *›Neuer Wohlstand. Leben und Wirtschaften auf einem begrenzten Planeten‹* habe ich eine Vielzahl an empirischen Befunden über die Nicht-Nachhaltigkeit der gegenwärtigen Welt sowie einschlägige Studien aus der Nachhaltigkeitsforschung zusammengetragen. Der leichteren Lesbarkeit willen ist in diesem Buch beides bewusst knapp gehalten – weiterführende Publikationen sind im umfangreichen Literaturverzeichnis zu finden.

So wünsche ich den Lesern und Leserinnen eine anregende Lektüre, die zum Weiterdenken und zu einem anderen Handeln im Alltag inspiriert.

Mein Dank gilt *Luisa Grabenschweiger* und *Wolf Junger* für anregende Gespräche zum Manuskript sowie *Clemens Herrmann* vom oekom-Verlag für die umsichtige Begleitung.

*Hans Holzinger, im Dezember 2015*

## Kapitel I
## Auf die Dosis kommt es an

Wir kennen es aus vielen Lebenszusammenhängen: Das Gute hört auf, gut zu sein, wenn wir zu viel davon wollen. Wenn ein gutes Essen in Völlerei umschlägt, ist es mit dem Genuss vorbei. Wer beim Fortgehen über die Stränge geschlagen und zu viel Alkohol getrunken hat, bekommt am nächsten Tag die Rechnung präsentiert – in Form eines Katers. Und – bei allem Respekt vor jenen, die sich bewusst vegetarisch ernähren – geht es nicht darum, das Fleischessen gänzlich zu verbieten, sondern dieses auf ein ökologisch, tierethisch und gesundheitlich verträgliches Maß einzuschränken.

Die ›Falle des Zuviel‹ lässt sich auf zahlreiche Beispiele anwenden. Materielle Güter können uns das Leben erleichtern und verschönern, doch ein Zuviel davon wird zur Belastung. Übervolle Kleiderschränke machen uns das Auswählen der passenden Kleider und damit das Leben schwer. In der Regel greifen wir dann auf die gewohnten Klamotten zurück. Dasselbe gilt für Kinderzimmer, die den Kindern vor lauter Spielsachen die Lust am Spielen verderben, oder für übervolle Kühlschränke, die uns rasch die Übersicht über Haltbarkeits- und Ablaufdaten der Lebensmittel verlieren lassen. Die Folge: immer mehr Lebensmittel landen im Müll.

Man mag die Medikamente der Schulmedizin gänzlich ablehnen und etwa nur auf homöopathische Mittel setzen. Doch in vielen Fällen helfen Medikamente, Krankheiten zu heilen, in nicht wenigen Fällen verhindern sie, dass ein Mensch stirbt. Nun ist ein sorgsamer Umgang mit Medikamenten durchaus ratsam – und der drastisch gestiegene Tablettenkonsum in den reichen Ländern sollte uns alarmieren. So stiegen die Ausgaben für Medikamente in Deutschland allein 2014 um 1,3 Milliarden Euro. Doch man stirbt nicht an der medizinisch indizierten Einnahme eines Medikaments, sondern nur an der Überdosis. Und man schadet sich, wenn man sich nur auf die Medikamente verlässt. Es geht also um die Dosis und die Art des Einsatzes der Mittel.

Die ›Falle des Zuviel‹ gilt aber auch für nicht materielle Dinge. Ob der Sex in einer Beziehung für jemanden zu wenig, zu viel oder gerade richtig ist, hängt von persönlichen Präferenzen ab. Und doch lassen sich Richtwerte für das ›rechte Maß‹ finden. Wer von Sex besessen ist, lebt ebenso wenig frei wie jemand, der überhaupt nicht in der Lage ist, eine sexuelle Beziehung einzugehen. Sex ist zugleich ein gutes Beispiel dafür, dass Qualität vor Quantität geht. Was als ›qualitätsvoller Sex‹ eingeschätzt wird, hängt wiederum von subjektiven Erfahrungen, zugleich aber auch von Erwartungen – eigenen und denen des sozialen Umfeldes – ab. Dennoch: Erfüllte Sexualität lebt von der Tiefe der Begegnung und der Fähigkeit, sich wirklich einzulassen. Wer nie genug kriegen kann, wird zum Getriebenen seines Verlangens. Sexsucht gilt als krankhafte Störung ebenso wie andere Süchte: Kaufsucht, Spielsucht, Drogensucht.

Ein weniger intimes Beispiel: Menschen mögen eine unterschiedliche Lärmempfindlichkeit haben. Aber es gibt absolute Grenzen, ab denen Lärm eindeutig das Gehör schädigt, und auch Untersuchungen darüber, ab welchem Dauerlärmpegel etwa durch Autos, Flugzeuge oder Züge die Schlafqualität chronisch gestört wird.

Kein vernünftiger Mensch wird behaupten, dass Arbeit für den Menschen schädlich ist. Doch wenn diese Arbeit keine Grenzen mehr kennt, keinen Anfang und kein Ende, sondern der oder die Arbeitende es nicht mehr schafft, abzuschalten, die Arbeit loszulassen, dann ist diese schädlich. Gleich ob aufgrund eines äußeren Erwartungsdrucks oder aufgrund eines verinnerlichten Strebens nach Bestätigung. Ganz davon abgesehen, dass es auch krankmachende Arbeit gibt.

Kein vernünftiger Mensch wird behaupten, dass Sport ungesund ist – doch beim sogenannten ›Spitzensport‹

sieht die Sache anders aus. Und da der ›Spitzensport‹ offensichtlich nicht mehr als Nervenkitzel reicht, wurde der sogenannte ›Extremsport‹ erfunden. Menschen suchen bewusst das Risiko darin – oder sie werden von den Anreizstrukturen der Fun-Industrie dazu animiert. Der Sprung eines jungen Österreichers aus der Stratosphäre hat diesem wohl einiges an Geld und narzistischer Befriedigung gebracht, noch stärker gestiegen ist jedoch der Marktwert jenes Getränks, das mit dem Sprung beworben wurde. Ein Phänomen, das wir übrigens bereits aus der dekadenten Bürgergesellschaft des spätrömischen Reichs mit seinen Gladiatorenspielen kennen. Mit gutem Leben hat das nichts zu tun. Es geht um ein Spektakel im Kontext kapitalistischer Profiterzielung.

Denn zeitgleich nimmt die Bewegungsarmut großer Teile der Bevölkerung zu, wie einschlägige Studien beweisen – eine Körperträgheit, die dann mit dem besagten Fithalte-Getränk, das bekanntlich Flügel verleiht, vertrieben werden soll.

Ein anderes Beispiel für die ›Falle des Zuviel‹: Informationen sind wichtig, um sich in unserer komplexen Welt zurechtzufinden. Sie sind auch Bedingung für eine funktionierende Demokratie. Doch ein Zuviel an Informationen lässt uns in der Datenflut versinken. Wir verlieren den Überblick und die Orientierung (s. Kap. X). Auch ich schätze die modernen Kommunikationsmittel. E-Mails lassen die Präzision des geschriebenen Wortes verbinden mit der Übermittlung der Information in (Beinahe)-Echtzeit, die das Telefon auszeichnet. Zudem können Dokumente rasch und unkompliziert versandt und ganze Gruppen auf kostengünstige Art mit Informationen versorgt werden. Doch nehmen die E-Mails überhand, gehen deren Vorteile verloren. Auch der Missbrauch dieser neuen Technologie ist enorm. So schätzen die Vereinten Nationen, dass die unzähligen Spam-Mails weltweit jährlich einen volkswirtschaftlichen Schaden von über 250 Millionen Dollar anrichten.

Die ›Falle des Zuviel‹ gilt auch für die Bereiche Erziehung und Schule. Wir können froh sein, dass der autoritäre, patriarchale Erziehungsstil seine Akzeptanz weitgehend eingebüßt hat. Eine Erziehung ohne Grenzsetzungen ist aber ebenso problematisch. Und es ist wichtig, dass in der Schule der Frontaltunterricht nicht mehr die einzige Unterrichtsmethode darstellt (wenn dem so ist!). Doch nur mehr Gruppenarbeit würde auch zu kurz greifen. Es kommt auf die richtige Balance an.

Untersuchungen zeigen, dass für die Entwicklung von Menschen und für deren Wohlbefinden Zuwendung zentral ist und dass vernachlässigte Kinder meist Entwicklungsdefizite aufweisen. Doch selbst Zuwendung kann sich in ihr Gegenteil verkehren, wenn sie zu viel wird: Sorge schlägt um in Überfürsorge, Liebe wird zum Besitzen-Wollen, zur ›Liebe‹, die einen erdrückt, wenn man zu viel oder das Falsche davon abbekommt.

Ein geordnetes Zusammenleben in komplexen Gesellschaften erfordert Regeln. Doch überzogene Regulierung kann die Entfaltungs- und Verantwortungsräume der Bürger und Bürgerinnen einschränken und – was noch wichtiger ist – dazu führen, dass die wirklich entscheidenden Dinge unreguliert bleiben, etwa im Bereich der Begrenzung der Macht von Konzernen und Finanzmarktakteuren.

Der Glaube, dass ›Mehr‹ immer besser ist, führt uns auch in Bereichen der Wirtschaft oder Politik in Sackgassen. Die Vorstellung von unbegrenztem Wirtschaftswachstum ist nicht nur physisch unmöglich, sondern sie schafft überdies unnötige Zwangslagen. Das Streben nach immer weiterem Wachstum verunmöglicht uns, das Erreichte zu genießen. Alle scheinen eingespannt zu sein ins Hamsterrad des Immer-Mehr und Immer-Schneller.

Ein anderes Beispiel: Man muss nicht gegen das Recht auf Privateigentum sein, wenn man das gegenwärtige Auseinanderklaffen von Arm und Reich für unmoralisch und gesellschaftsschädigend hält. Und man kann die Vorzüge der ›freien‹ Marktwirtschaft durchaus schätzen und dennoch kritisieren, dass diese ohne durch die Politik vorgegebene Regeln ökologisch und sozial blind ist. Produziert wird für jene, die über genügend Kaufkraft verfügen, nicht für jene, die den größten Bedarf haben. Wer kein Einkommen hat, kann sich in einer arbeitsteiligen Marktwirtschaft – ohne staatliche soziale Absicherung – nicht einmal das Notwendigste kaufen. Zu viel Markt bzw. das alleinige Sich-Verlassen auf den Markt führt in die Irre.

Und sofern die Natur keinen Preis hat, wird sie in der ›freien‹ Marktwirtschaft ausgebeutet ohne Rücksicht auf das Gemeinwohl und spätere Generationen. Dabei geht es nicht darum, die Natur dem Zugriff des Menschen gänzlich zu entziehen, also den Planeten zu einem einzigen Naturreservat zu machen, sondern den Zugriff auf ein nicht schädigendes Maß zu begrenzen. So wie die Anhäufung des Reichtums bei Wenigen zu begrenzen ist.

Das Problem des ›Zuwenig‹ und ›Zuviel‹ kennen wir übrigens auch aus der Natur selbst. Wir freuen uns natürlich, wenn die Sonne scheint. Doch wenn sie über zu lange Perioden scheint, trocknen die Böden aus und das Wachstum der Pflanzen kommt zum Stillstand. Es drohen Ernteausfälle. Regen ist somit überlebenswichtig. Doch regnet es zu viel, drohen Überschwemmungen. Der Mensch kann sich gegen Naturgewalten und Wetteranomalien bedingt schützen, etwa durch Hochwasserschutzbauten oder künstliche Bewässerungsanlagen. Er greift aber durch den Ausstoß von Klimagasen sowie die Rodung von Urwäldern, einem wichtigen Speicher von Kohlendioxid als wichtigstem Treibhausgas, direkt ins Klimageschehen ein. Die natürliche Konzentration von Treibhausgasen in der Atmosphäre wird seit der Industrialisierung und der damit einhergehenden massenhaften Verbrennung fossiler Energieträger immer mehr gestört – der atmosphärische Sonnenschirm ist damit aus dem Gleichgewicht.

## Die Falle des ›Mehr vom Selben‹

Eng verbunden mit der ›Falle des Zuviel‹ ist das Phänomen des Festhaltens an vertrauten Lösungsmustern, die einmal Sinn machten, unter gewandelten Bedingungen jedoch ihre Lösungskapazität eingebüßt haben. Als Beispiel kann wieder das Wirtschaftswachstum genannt werden, welches in der Aufbauphase einer Volkswirtschaft durchaus sinnvoll ist, in einer ausgereiften Volkswirtschaft jedoch seinen Sinn verfehlt.

So wie Bäume nicht in den Himmel wachsen, können Volkswirtschaften nicht permanent weiter anwachsen. Umso mehr, als die Maßzahlen für dieses Wirtschaftswachstum unter heutigen Bedingungen – Stichwort Naturausbeutung – nur mehr bedingt als Gradmesser für Wohlstand gelten können. Wirtschaftswachstum auf Kosten einer intakten Umwelt sägt uns den Ast ab, auf dem wir sitzen (s. Kap. IV).

In den Wirtschaftswissenschaften spricht man vom abnehmenden Grenznutzen. Technische Neuerungen, die in der Regel mit mehr Kapitaleinsatz zusammenhängen, erhöhen die Produktivität. Mit derselben Arbeitsleistung kann mehr oder dasselbe kann mit weniger Arbeitsleistung produziert werden. Doch dieser Weg der Effizienzsteigerung hat Grenzen – ab einem gewissen Inputniveau sinkt der Output unverhältnismäßig gegenüber dem Input.

Dieser abnehmende Grenznutzen gilt offensichtlich auch für den Besitz von Gütern – ab einer gewissen Gütermenge steigt die Lebenszufriedenheit nicht mehr, ja sie kann sogar sinken, weil der überbordende Güterbesitz ins Negative umschlägt, etwa durch den Stress des Auswählen- und Entscheiden-Müssens oder weil die Zeit nicht mehr reicht, die angeschafften Güter zu verwenden. Wir haben bereits davon gesprochen.

Als Paradebeispiel für abnehmenden Grenznutzen beziehungsweise für den Irrweg des Festhaltens an alten Lösungsstrategien gilt das Auto. In einer Zeit, als es noch wenige Autos gab, hat dieses zumindest jenen, die über eines verfügten, ein Mehr an Mobilität gebracht. Bei der heutigen Autodichte verliert das Auto jedoch seine Effizienz – es mutiert immer mehr zum ›Stauto‹. Wenn viele eines besitzen und dieses noch dazu zu denselben Zeiten, den sogenannten ›Stoßzeiten‹, nutzen, führt dies zwangsläufig zum Stau. In dünn besiedelten Gebieten bewahrt das Auto seine Sinnhaftigkeit, in dichtbesiedelten, städtischen Gebieten verliert es diese jedoch. Andere Lösungen sind gefragt. Das Prinzip ›Mehr vom Selben‹ wirkt nicht mehr, ja – im Gegenteil – es schlägt ins Negative um. Das autofreie Leben gewinnt an Charme.

Ähnlich verhält es sich mit dem ›Haus im Grünen‹. Wenn viele diesen Wunsch äußern und auch umsetzen, dann werden aus den vielen ›Häusern im Grünen‹ viele ›Häuser ohne Grün‹, erkauft mit einer Siedlungsstruktur der weiten Wege, die Infrastrukturen wie Nahversorgung oder öffentlichen Verkehr unrentabel machen und den Zwang zum Auto perpetuieren.

Die Falle des ›Mehr vom Selben‹ gilt übrigens auch für die sogenannte ›Energiewende‹. Der Übergang zu nachhaltigen, also erneuerbaren Energieträgern ist sinnvoll und notwendig. Doch dieser Übergang kann nicht bedeuten, dass wir einfach eine Energiequelle durch eine andere ersetzen. Nicht nur Erdöl und Kohle sind begrenzt und – was nicht weniger problematisch ist – treiben den menschengemachten Klimawandel voran, auch den erneuerbaren Energieträgern sind Grenzen gesetzt: Flüsse lassen sich nur begrenzt aufstauen, Windräder nur dort installieren, wo es genügend Wind gibt. Und es kann auch die Welt nicht mit Fotovoltaik-Anlagen zugepflastert werden – auch wenn natürlich die Potenziale noch lange nicht ausgeschöpft sind, was der Forderung nach der Energiewende ihre Berechtigung gibt. Doch diese macht nur Sinn, wenn wir zugleich den Energiekonsum verringern.

Wachstum kann sogar gefährlich werden, wenn es das Gesamtsystem destabilisiert. Was aus der Medizin gut bekannt ist – das überschießende Wachstum dysfunktionaler Körperzellen macht den Menschen krank und führt letztlich (bei Nichtbehandlung) in den Krebstod – gilt nicht weniger für das Wirtschaftssystem (mehr s. Kap IV).

Geld ist in arbeitsteiligen Ökonomien ein notwendiges Mittel, um Tauschvorgänge effizient zu organisieren. Kredite helfen, Projekte zu verwirklichen, die größerer, die eigenen Ersparnisse überschreitender Investitionen bedürfen. Und doch ist das kapitalistische Finanzsystem seit seiner Entstehung krisenanfällig, da mit Geld spekuliert wird und sich dadurch Blasen bilden, die nicht mehr die realen wirtschaftlichen Verhältnisse abbilden. Ein Problem, das mit der Beschleunigung der möglichen Finanztransaktionen durch die neuen Informationstechnologien sowie dem Trend der Vermögensakkumulation – Geld wurde immer mehr rein zu Spekulationszwecken eingesetzt – an Virulenz gewonnen hat.

Auch das Unterfangen, weiteres Wirtschaftswachstum durch immer mehr öffentliche Schulden zu finanzieren, führt in die Sackgasse. Das Problem wird nur aufgeschoben. Irgendwann kommt der Tag der Abrechnung: entweder schlittern Staaten in die Zahlungsunfähigkeit, was mit hohen sozialen Kosten und mit hoher Vermögensvernichtung einhergeht. Oder die Vermögenden schreiben einen

Teil ihrer Vermögen freiwillig ab – durch Schuldenschnitt oder, was weniger riskant ist, durch höhere Beiträge der Vermögenden zur Finanzierung der öffentlichen Aufgaben und zum Abbau der Staatsschulden. Nicht möglich ist freilich, Schulden abzubauen und zugleich Vermögen weiter wachsen zu lassen.

Die aktuelle Vermögensanhäufung ist überdies ein gutes Beispiel dafür, wie Wachstum zur Sucht mutieren kann. Als Sucht gilt ein Verhalten, das fortgeführt wird, auch wenn es nachweislich schädigend wirkt, eben weil das Verhalten zwanghaft geworden ist und die Fähigkeit zur Selbstreflexion aussetzt. Beim Drogenabhängigen ist die Lage klar: er braucht immer mehr Nachschub, um das Leben noch irgendwie auszuhalten, und kommt dabei aber immer stärker in die selbstschädigende Abhängigkeit.

Auch die Anhäufung von Geld bei den Reichen hat Suchtcharakter: es dient nicht mehr der Ermöglichung eines besseren Lebens, sondern wird zum Selbstzweck. In diesem Fall mit den negativen Folgen für die Gesellschaft: denn auch Geld kann nicht unbegrenzt wachsen, das Vermögen des einen ist immer die Schuld des anderen. Und wer am Schuldtropf hängt, macht sich ebenso abhängig, wie an der rapide wachsenden, öffentlichen Verschuldung zu sehen ist. Staatsschulden finden daher immer ihr Pendant in Privatvermögen. Eine Schuldenbremse erfordert daher auch eine Vermögensbremse. Doch freiwillig geben die Reichen offensichtlich nichts ab – der Suchtcharakter der Geldanhäufung verhindert dies; so machen sie Druck auf die Politik, dass diese anderswo ›einspart‹, etwa bei Sozial- und Bildungsausgaben.

Man muss kein Ökonom sein, um zu erkennen, dass die gegenwärtige Verteilung des Reichtums volkswirtschaftlich schädlich und kontraproduktiv ist; und kein Kommunist, um diese Vermögens(un)verteilung als leistungsfern zu empfinden. Auf das rechte Maß kommt es an!

Der Verlust der richtigen Proportionen bzw. der gut verträglichen Dosis bestimmt aus meiner Sicht die moderne Konsumgesellschaft insgesamt. Die Fähigkeit, das rechte Maß zu finden, geht in der Fülle an Angeboten und Optionen verloren. Immer mehr Menschen tun sich schwer zu spüren, wann es genug ist, bzw. sind gar nicht mehr in der Lage, (sich) selbst Grenzen zu setzen. Die Zahl der Kaufsüchtigen ist ebenso im Steigen begriffen wie jene der Spiel- oder Fernsehsüchtigen. Die Folgen sind – anders als etwa bei Drogensucht – weniger augenscheinlich, aber ebenso ernst zu nehmen.

Das rechte Maß anzustreben, bedeutet nicht, nur mehr in Askese zu leben. Feste feiern, das Leben genießen, auch ab und zu über die Stränge schlagen – das gehört sehr wohl zu einem guten Leben. Und man soll sich auch freuen dürfen über neue Dinge, die man erstanden hat.

## Zauberformel ›qualitatives Wachstum‹

Die neue Zauberformel heißt nun ›qualitatives Wachstum‹; es setzt darauf, dass Qualität die Quantität ablöst und damit eine erneute Steigerung des Wohlstands und des Wirtschaftswachstums möglich werden.

Statt vieler Einzelautos attraktive, hochmoderne öffentliche Verkehrsmittel, die das Mobilitätsniveau aufrechterhalten lassen, nur anders befriedigen. Statt weiter steigendem Konsum materieller Güter, der nicht nur den Ressourcenverbrauch hochschraubt, sondern auch zum ›Güterstau‹ beziehungsweise ›Gütergau‹ führt, Konsum immaterieller Güter wie Fortbildungen, Musikunterricht oder Yogakurse, die ebenfalls das Bruttosozialprodukt erhöhen – es fließt ja auch hier Geld. Statt riskanter Geldspekulation Investition in sinnvolle, ethisch verantwortungsvolle Projekte.

Was kann daran falsch sein, könnte man berechtigter Weise fragen. Der Übergang von quantitativem zu qualitativem Wachstum ist in vielen Bereichen durchaus möglich und sinnvoll, doch auch dieser Strategie sind Grenzen gesetzt. Der öffentliche Verkehr lässt sich nicht beliebig ausbauen – es sind physische Mobilitätsgrenzen zu akzeptieren. Musikunterricht oder Yogakurse sind ebenfalls nur in Grenzen möglich – hier sind es vor allem zeitliche Grenzen die limitieren. Und selbst Investments in nachhaltige Projekte stoßen an Grenzen, auch wenn es in der

Tat noch viel Sinnvolles zu tun gibt, das auf Investitionen wartet.

Qualität kann sogar wieder ins Negative umschlagen, wenn aus dem Optimierungsprinzip ein Optimierungszwang wird. Man könnte denken, dass es nie genug an Bildung geben kann. Und doch kippt der Anspruch auf Bildung in einen Bildungszwang, wenn er zur von allen erwarteten neuen Norm wird und die Menschen erst recht wieder unter Stress setzt.

Das Bessere kann zum Feind des Guten werden, haben wir bereits in der Einleitung in Anlehnung an ein bekannten Sprichwort formuliert. Die Hoffnung auf das noch immer Bessere lässt uns das Gute nicht genießen. Es führt zu Erwartungs- und Vergleichszwängen und schürt permanente Unzufriedenheit. Also: Qualität ja, aber keinen Qualitätsfetischismus.

Was einem guten Leben zuträglich ist, lässt sich nicht allgemein festmachen. Sowie die Frage, was richtig oder falsch ist, in den Sozialwissenschaften nie eindeutig zu beantworten ist. Doch sehen wir an vielen Alltagsphänomenen, wie ein ›Zuviel‹ der Lebensqualität abträglich wird und sein Ziel verfehlt. Dass der Verlust des richtigen Maßes sowie der Fähigkeit zur Begrenzung nicht so sehr dem Verschulden der Einzelnen zuzurechnen, sondern in das System des kapitalistischen Wirtschaftens eingeschrieben ist, soll im folgenden Kapitel gezeigt werden.

# Kapitel II
# Zur Ambivalenz unseres Konsum-Wohlstands

Produktivitätssteigerungen verbunden mit steigenden Löhnen ermöglichten die Etablierung eines Massenwohlstandes, der historisch einmalig ist. Die gestiegene Kaufkraft wiederum kurbelte die Konsumnachfrage und damit die Produktion an. Wir können von einer ›märchenhaften Expansion der Dinge‹ sprechen. Denn aus der Sicht vorindustrieller Gesellschaften hat die Fülle unserer Warenwelt in der Tat etwas Märchenhaftes.

Der Blick auf die vollen Regale unserer Supermärkte oder die Ladentische der Shoppingcenter erinnert an Vorstellungen des Schlaraffenlandes, in dem alles in unbegrenzter Menge verfügbar ist, vielleicht auch an die kindliche Vorstellung des Knusperhäuschens aus dem Märchen ›Hänsel und Gretel‹.

Doch gerade das märchenhafte Knusperhäuschen verweist auf die Ambivalenz, das Trügerische dieser Überfülle, symbolisiert in der Hexe, die die aus kargen Verhältnissen kommenden Kinder – Hunger war ja das Motiv ihrer Aussetzung im Wald – mit den Verführungen des Überflusses blendet, um sie letztlich zu verzehren. Was freilich, weil Märchen ja meist einen guten Ausgang haben, nicht gelingt. Mit List übertölpelt Gretchen die Hexe und befreit ihren Bruder aus dem Käfig, in dem dieser für das Hexenmahl gemästet werden sollte.

Noch deutlicher wird die Ambivalenz der im Übermaß verfügbaren Dinge in dem Märchen vom Schlaraffenland. In diesem fließen Milch und Honig, die gebratenen Tauben fliegen dem Trägen in den Mund. Die Faulheit gilt im Schlaraffenland als höchste Tugend und der Fleiß als schlimmstes Laster. Und dennoch werden die Menschen im Schlaraffenland nicht glücklich. Langeweile breitet sich aus.

Auch wenn in unserer von Leistungsethos und Arbeitswut geprägten Zivilisation durchaus etwas mehr das ›Lob der Faulheit‹ angestimmt werden könnte, so zeigt das Märchen vom Schlaraffenland, dass Nichtstun-Müssen, um seine Existenz zu sichern, genauso in die Krise führt wie Überarbeitung und Hyperaktivität. Das Gute hört auf, gut zu sein, wenn wir uns dafür nicht mehr engagieren können und müssen.

So ließe sich auch die Schöpfungsgeschichte der christlichen Mythologie neu deuten. Dass Adam und Eva vom Baum der Erkenntnis gegessen haben, wäre dann nicht als Sündenfall zu sehen, sondern als Wunsch nach

Entwicklung und Veränderung. Dies aus dem einfachen Grund, weil das Paradies langweilig ist. Wir sehen also noch einmal: Es kommt in allem auf die Dosis an – auch das Schlaraffenland macht nicht glücklich.

Nun kann man zu Recht einwerfen, dass auch in unseren reichen Gesellschaften bei weitem nicht alle Menschen im Schlaraffenland leben. Doch wir sind aufgrund des hochproduktiven Wirtschaftssystems weitgehend davon befreit, uns die Dinge des täglichen Bedarfs selbst herstellen zu müssen. Knappheiten haben daher andere Gründe. Sie sind ein Problem der mangelnden Verteilung.

## Dreifaches Wirtschaftsversagen

Kurz gesagt hat der real existierende Kapitalismus *drei* große Mängel: er akkumuliert *erstens* Reichtum bei den Habenden statt Mittel dort verfügbar zu machen, wo sie wirklich gebraucht werden. Das heißt, er wirkt ausschließend und erzeugt Hunger. Produziert wird nicht für jene, die den größten Bedarf haben, sondern für jene, die über die größte Kaufkraft verfügen.

Der ehemalige Sonderberichterstatter der Vereinten Nationen für das Recht auf Nahrung, *Jean Ziegler,* spricht von einer ›kannibalischen Weltordnung‹. Obwohl genügend Nahrungsmittel vorhanden wären, leidet eine Milliarde Menschen an Hunger. Alle drei Sekunden stirbt ein Kind, weil es nicht genug zu essen bekommt, während andere Reichtümer anhäufen. Da ist der Vorwurf eines modernen Kannibalismus keineswegs abwegig.

Angesichts des Hungers und der Not von Millionen von Menschen in der gegenwärtigen Weltgesellschaft ist klar von *Wirtschaftsversagen* zu sprechen, angesichts des rasanten Auseinanderdriftens von Vermögenden und Armen auch von *Politikversagen*. Und angesichts des weitgehenden Hinnehmens dieser Schieflage – von engagierten Menschen in der Zivilgesellschaft, in Regierungen oder internationalen Organisationen einmal abgesehen – auch von *Gesellschaftsversagen*. »Die Maxime unserer Zeit ist es, nicht die Hungernden zu ernähren, sondern die Satten«, so *Tomás Sedlácek* und *Oliver Tanzer* pointiert. Dazu nur eine Zahl: Laut *Boston Consulting Group* betrug der weltweite Vermögenszuwachs der Reichen 2014 über 15 Billionen US-Dollar. Die westliche Entwicklungshilfe belief sich auf mickrige 135 Milliarden US-Dollar.

Die industrielle Produktionsweise basiert *zweitens* auf einer enormen Ausbeutung der Natur. Der Kapitalismus ist daher – wie wir bereits gesehen haben – maßlos und nicht nachhaltig. *Drittens* wirkt er als großer Verführer bei denen, die er einschließt. Er produziert am Bedarf vorbei und schafft künstliche Bedürfnisse. Anders ist die umfangreiche globale Werbemaschinerie für immer neue Waren nicht zu verstehen. Der vermeintliche Wachstumszwang verordnet ›Konsumieren-Müssen‹.

Der Philosoph *Günter Anders* kritisiert in ›Die Antiquiertheit des Menschen‹ die Zurichtung des Bürgers zum Konsumenten mit dem Ziel, die Produktion in Gang zu halten. Es gäbe ein ›Gefälle zwischen dem, was wir herstellen, und dem, was wir verwenden können‹ und einen ›Hunger der Waren nach Konsumiert-Werden‹. Man produziert Werbemittel, so Anders, ›um das Bedürfnis nach Produkten, die unser bedürfen, zu produzieren‹.

Als *viertes* kommt nun hinzu, dass der Kapitalismus offensichtlich nur mehr ›funktioniert‹ mit exorbitanter öffentlicher Verschuldung – nach dem Motto ›Privatisierung der Gewinne – Sozialisierung der Folgen‹. Die Staaten verschulden sich, die Konzerne machen Gewinne. Spätestens die weltweite Finanzkrise seit 2008 hat gezeigt, dass das System in sich äußerst instabil ist. Der Soziologe *Ralf Dahrendorf* spricht daher pointiert von ›Pumpkapitalismus‹– ein Prinzip, das nicht auf die Dauer gut gehen kann.

Da der nach dem Zweiten Weltkrieg gezähmte Kapitalismus jedoch in den westlichen Ländern zu einem breiten Wohlstand geführt hat, war seine Akzeptanz lange Zeit weitgehend unumstritten. Der materielle Wohlstand hat in den westlichen Ländern ja auch einen Ausbau der Sozialsysteme ermöglicht und damit wesentlich zur Stabilisierung der Demokratie beigetragen. Der Kapitalismus sah sich dem ideologischen Gegenüber des Kommunismus als überlegen. Eine Annahme, die mit dem Scheitern der sozialistischen Staaten zunächst bestätigt wurde. Dass die Entwicklung von materiellem Wohlstand auf einen kleinen Teil der Welt beschränkt blieb und die Versprechen auf nachholende Entwicklung in den Ländern des Südens kaum eingelöst wurden, blieb dabei außen vor. Erst als die Krisen mit dem Beinahe-Finanzkollaps 2008 die reichen Länder erreichten, bekam die Selbstsicherheit des westlichen Entwicklungsmodells Risse und es mehren sich erneut die Stimmen der Kritik.

Die Befunde sind ernüchternd: Spätestens seit der Deklaration der Allgemeinen Menschenrechte im Jahr 1948 gehen wir davon aus, dass alle Menschen gleich an Rechten und Würde sind und dass es hierfür auch die materiellen Grundlagen zu schaffen gilt. Doch nach wie vor müssen über eine Milliarde Menschen weltweit mit weniger als einem Dollar pro Tag auskommen, während andere Milliardenvermögen anhäufen. Da das Ziel von Wirtschaften eigentlich darin besteht, die Menschen mit den für ein menschenwürdiges Leben notwendigen Gütern zu versorgen, handelt es sich hier – ich wiederhole es – um eklatantes Wirtschaftsversagen.

## Maßloser Ressourcenverbrauch

Zum zweiten Versagen: Trotz zahlreicher alarmierender Befunde über die weltweite *Degradation der Ökosys-*

*teme* und der Übernutzung des Planeten wurden bisher keine wirklichen Weichen in Richtung ökologischer Umsteuerung gestellt. Alle Verbrauchskurven für Rohstoffe und Emissionen von Schadstoffen, allem voran von klimawirksamen Treibhausgasen, weisen steil nach oben. In vielen Regionen verschlechtert sich die Qualität der Böden, die Erträge sinken. Das Welt-Boden-Informationszentrum hat ermittelt, dass im vergangenen Vierteljahrhundert ein Viertel der globalen Landfläche heruntergewirtschaftet wurde – durch Ausbeutung der Böden, Erosion und Giftstoffe. Produziert wird auf diesen Böden vielfach für den Export der Wohlhabenden – von Soja als Futtermittel für unsere Masttiere über Baumwolle für unseren Textilhunger bis hin zu Eukalyptusbäumen für unseren gigantischen Papierverbrauch, der trotz elektronischer Medien und Speichermöglichkeiten weiter ansteigt. Beträchtlich ist auch der Wasserverbrauch dieser Plantagenwirtschaft der Großkonzerne.

Über dreißig Länder weltweit leiden nach UN-Angaben bereits an chronischem Wassermangel. Der indische Ökonom *Chandran Nair* warnt daher vor einer ›Wasserblasenökonomie‹, die ebenso platzen werde wie jene der Finanzblasen.

Der moderne Konsumkapitalismus ist zudem geprägt von einem gigantischen *Rohstoff- und Energieverbrauch.* Das deutsche *Umweltbundesamt* hat berechnet, dass sich der weltweite Materialverbrauch im 20. Jahrhundert von knapp 6 auf 60 Milliarden Tonnen pro Jahr erhöht und damit verzehnfacht hat. Im Durchschnitt verbraucht ein Deutscher heute pro Jahr 40 Tonnen Stahl, 116 Tonnen Mineralöl und 158 Tonnen Braunkohle.

*Chandran Nair* zeigt in seiner Analyse ›Der große Verbrauch‹ auf, dass die Ausbreitung des Konsumkapitalismus in Asien vornehmlich einer kleinen Ober- und einer etwas wachsenden Mittelschicht zu Gute kommt. Die Grundbedürfnisse der Mehrzahl der Menschen werden so nicht befriedigt. Zu den Gewinnern zählen vor allem westliche Konzerne, die neue Exportmärkte ›erobern‹, etwa in der Automobilbranche. 2030 sollen in China so viele Autos unterwegs sein wie heute in den USA, nämlich 330 Millionen. Der Erdölbedarf Chinas wird sich verfünffachen, so rechnet Nair vor.

Dieses Beispiel zeigt: Groß ist auch der Energiehunger des westlichen Lebensstils. Der langjährige Präsident von Eurosolar *Hermann Scheer* hat gezeigt, dass zwar mit jeder Zivilisationsstufe der Energieverbrauch gestiegen ist, der exponentielle Anstieg aber erst mit der Industrialisierung eingesetzt hat. Der Physiker *Hans Peter Dürr* hat vorgerechnet, dass für den Lebensstil der Konsumgesellschaft jeder von uns an die sechzig ›Energiesklaven‹ beschäftigt. Würden wir nicht über externe Energiequellen verfügen, so wären wir, um unsere Lebens- und Mobilitätsgewohnheiten aufrechterhalten zu können, also auf die Muskelkraft von sechzig jungen, starken Männern angewiesen.

Im Wesentlichen basiert unser Wohlstand auf den billigen fossilen Energieträgern Kohle, Erdöl und Erdgas, die sich in Millionen von Jahren in der Erde gebildet haben und nun innerhalb einer historisch sehr kurzen Zeit aufgebraucht werden. Erdöl wird ebenso wie Erdgas nicht auf Dauer sprudeln. Kohle wird es noch etwas länger geben, aber auch sie ist begrenzt. Doch ›Industrialismus‹, wie wir ihn heute kennen, ist nicht zu denken ohne ›Fossilismus‹, wie der Umweltökonom *Elmar Altvater* es ausdrückt. Und noch bevor die Ölquellen und Kohlelager zur Neige gehen, wird das Verbrennen dieser Energievorräte dem Klima der Erde derart eingeheizt haben, dass die Folgen wohl dramatisch sein werden. Erste Vorboten sind bereits zu spüren.

Der *Klimawandel* trifft jene Länder am stärksten, die am wenigsten zu seinem Entstehen beitragen, da ihr Wohlstandsniveau sehr niedrig ist. Es sind jene Länder, die bereits jetzt unter erschwerten klimatischen Bedingungen leben müssen, etwa in sehr trockenen Gebieten, die in Zukunft mit noch weniger Niederschlägen rechnen müssen. Die Wirbelstürme, die aufgrund der Erwärmung der Meere an Häufigkeit und Intensität zunehmen, treffen ebenfalls vor allem Menschen in ärmeren Gebieten, in denen sturmfeste Bauten nicht finanziert werden können. Hurrikan ›Isaac‹, der 2012 große Teile von Haiti zerstörte, und der Taifun ›Haiyan‹, der im November 2013 zu einer Mega-Katastrophe auf den Philippinen geführt hat, sind noch in guter Erinnerung.

Manche setzen auf *Atomenergie* als ›klimafreundliche‹ Alternative zu Kohle, Öl und Gas. Doch die euphorischen Hoffnungen in diese Energieform haben sich rasch zerstreut. Jenseits der Sicherheitsrisiken und der ungelösten Problematik der Endlagerung von radioaktivem Material (Plutonium strahlt über hunderttausend Jahre) wird auch das finanzielle Debakel der Atomindustrie immer deutlicher, die ohne massive öffentliche Förderung nie überlebensfähig gewesen wäre. 441 Atomkraftwerke waren Ende 2014 weltweit in Betrieb, 99 in den USA, 58 in Frankreich, 49 in Japan, 34 in Russland und 25 in China. Neue AKWs werden heute fast nur mehr in Schwellenländern gebaut. 66 Anlagen befanden sich Ende 2014 im Bau, 24 davon allein in China *(n. www.kernenergie.de)*.

Der Anteil der Atomenergie am weltweiten Stromverbrauch macht gerade mal elf Prozent aus, bezogen auf den Gesamtenergieverbrauch sind es nur zwei Prozent, so der *Welt-Statusbericht Atomindustrie.* Der Bedeutungszenit der Atomenergie scheint überschritten – dennoch werden weiterhin ungeheure Forschungsmittel in die Atomenergienutzung gesteckt.

Die neue Hoffnung lautet Atomfusion: im französischen *Cadarache* wird in einem internationalen Konsortium am ersten Fusionsreaktor gearbeitet – mit Millionen an öffentlichen Mitteln. Doch Atomenergie ist keine zukunftsfähige Lösung. Allein um den derzeitigen Anteil der Atomenergie in Bezug auf die Energieverbrauchsprognosen der Zukunft zu halten, müssten Hunderte weitere Atomkraftwerke gebaut werden. Die Wahrscheinlichkeit eines Großunfalls wie in Tschernobyl oder Fukushima würde sich weiter erhöhen.

Laut *Internationaler Energieagentur* hat sich der weltweite Energieverbrauch zwischen 1975 und 2010 verdoppelt und wird – getrieben von den Schwellenländern – bis 2035 nochmals um 30 bis 40 Prozent steigen. Eine Entkopplung von Wirtschaftswachstum und Energieverbrauch ist nicht in Sicht. Die Antwort kann daher nur in einer *doppelten Energiewende* liegen: Umstieg auf erneuerbare Energieträger und drastische Verringerung des Energiekonsums.

## Müll als Kehrseite des Konsums

Nicht zu übersehen sind auch die *Müllberge*, die unsere Art von Wohlstand hinterlässt. Am Beispiel Plastik: Die Menge Kunststoff, die bisher produziert wurde, reichte dafür aus, den Globus acht Mal mit einer Plastikfolie zu umhüllen. 80 Prozent des Kunststoffmülls – laut UNO 60

Millionen Tonnen im Jahr – gelangen über die Flüsse und Strände in die Ozeane. Die Organisation *Oceana* schätzt, dass stündlich 165 Tonnen Abfall in die Meere geleitet werden – die Hälfte davon ist Plastik. Da Kunststoff bis zu fünfhundert Jahre braucht, um abgebaut zu werden, und bislang nur ein geringer Prozentsatz dem Recycling zugeführt wird, verursacht dies große Probleme für die Meeresfauna. Kunststoffe werden von Fischen aufgenommen und gelangen so in den Nahrungskreislauf der Menschen – mit problematischen gesundheitlichen Folgen. Die Filme *Plastik Planet* und *Taste the Waste* haben diese Absurditäten einer breiten Öffentlichkeit bekannt gemacht.

Die Müllprobleme steigen dabei mit jeder neuen Innovation – bestes Beispiel sind die neuen Informationstechnologien. Über 41 Millionen Tonnen Elektronikschrott fallen mittlerweile pro Jahr an; ein großer Teil davon wird illegal in Länder des Südens verschifft, etwa nach Ghana, wo Kinder unter hohen Gesundheitsbelastungen wertvolle Teile, vor allem Metalle, aus den Geräten holen. Um an diese Innenteile zu gelangen, werden die Geräte abgefackelt, wodurch hochgiftige Gase entstehen, wie die Nichtregierungsorganisation *Südwind* in Fact Finding-Missions herausgefunden hat (*www.cleanit.at*).

Groß ist auch der Rohstoff- und Energieverbrauch der IT-Branche: Rund 1.500 Liter Wasser sind notwendig, um einen PC herzustellen. 23 Kilogramm unterschiedlicher Chemikalien sowie zahlreiche Edelmetalle finden bei der Produktion Verwendung. Und ein einziges Datenzentrum von GOOGLE verbraucht so viel Energie wie eine mittelgroße Stadt. Bei Handys, dem Zukunftsprodukt des letzten Jahrzehnts, ist die Lage nicht anders, wie *Lars Gräßer* und *Friedrich Hagedorn* in einer Analyse darlegen.

Die US-Umweltforscherin *Annie Leonhard* zeigt in ihrer ›Geschichte des Mülls‹, dass die Verbrauchskurven für sämtliche Güter im letzten Jahrhundert steil nach oben gegangen sind – und mit diesen die Ansammlungen an Müll. In anregenden Zeichentrickanimationen macht die Autorin den Wahnsinn dieser Güter- und Müllanhäufungsmaschinerie deutlich, zugleich zeigt sie Lösungswege aus dem Dilemma (*www.thestoryofstuff.de*).

In Politik und Wirtschaft wird dagegen freilich bislang kaum reagiert. Während sich in den Ländern des Südens die elementaren Überlebenskrisen zuspitzen, sind die Wohlstandsländer mit ihren Wohlstandsauswüchsen beschäftigt.

Das zunehmende Laissez-Faire-Verhalten im Bereich der Finanzmarktregulierung bei gleichzeitiger Vervielfachung der Finanzprodukte und der x-fachen Beschleunigung der Finanztransaktionen hat den Zentren des Kapitalismus die wohl größte Finanzkrise seit der Weltwirtschaftskrise von 1929 beschert. Die Staaten sind noch immer mit Schadensbegrenzung beschäftigt, wobei die Krise beileibe nicht ausgestanden ist. Für Weltsozial- und Umweltpolitik bleiben da keine Kapazitäten.

Angesichts dieser sich auftuenden Kluft zwischen in allerlei Konzeptpapieren verkündeten Ansprüchen und hehren Zielen und schnöder Realität ist mit *Paul Virilio* von rasendem Stillstand zu sprechen. Auf der Mikroebene erleben wir eine permanente Beschleunigung der Wirtschaftsprozesse sowie des Lebensalltags; auf der Makroebene kommen wir kaum voran in Richtung nachhaltiger Weltentwicklung.

Wir müssen daher nach den Tiefenstrukturen dieser Dilemmata fragen. Ich sehe hier drei Ideologien am Werk, die die Umsteuerung so schwer machen: *die Ideologie der Knappheit,* die *Ideologie des Wachstums* sowie die *Ideologie des Konsums.*

## Ideologie der Knappheit

Unsere Großeltern, die die Weltwirtschaftskrise der 1930-Jahre sowie den Zweiten Weltkrieg erlebt haben, wurden unmittelbar mit Knappheit konfrontiert. Die Aufbaugeneration nach dem Krieg machte die Erfahrung, dass durch Arbeit, einen sorgsamen Umgang mit Ressourcen und das Zurückstellen von Konsumansprüchen für Sparzwecke wirtschaftliche Erfolge erzielt und die materiellen Zuwächse gesteigert werden konnten.

Ich selbst habe, aufgewachsen in einer sechsköpfigen Bauersfamilie Anfang der 1960er-Jahre, durchaus noch Knappheit erlebt; nicht *Überlebensknappheit*, sondern *Anspruchsknappheit*. Dinge wie Wurst, Käse oder Fisch, die ich beim Zustellen der Milch am Abendbrottisch des Pfarrers sah, gab es bei uns (noch) nicht. Da wurde von dem gelebt, was der Hof uns gab. Speck, Kartoffel, Gemüse aus dem Garten, Obst von den eigenen Bäumen und Brot, das der Müller einmal in der Woche anlieferte. Wir Kinder sahen uns damals natürlich Leid am ›Reichtum‹ des Pfarrers.

Für heute bei uns aufwachsende Kinder sind diese Entbehrungen – von Ausnahmen abgesehen – nicht mehr vorstellbar. Und dennoch bestimmt noch immer das Knappheitsdenken die öffentliche Wahrnehmung – gleichsam als hätten sich die Knappheitserfahrungen unserer Vorfahren in unsere Gene eingeschrieben.

Obwohl umgeben von einem großen materiellen Reichtum, verhalten wir uns in vielen Bereichen noch immer so, als lebten wir in einer Knappheitsgesellschaft. Täglich wird uns suggeriert, wir müssten uns noch mehr anstrengen, um nicht überholt zu werden – vom Nachbar oder Arbeitskollegen, von der Konkurrenzfirma, von anderen Ländern oder Wirtschaftsräumen. Die Welt erscheint in dieser Sichtweise als Ansammlung von Individuen und Gesellschaften, die sich in permanentem

Kampf gegeneinander um Wettbewerbsvorteile befinden. Wer zu spät kommt, den bestraft eben der Markt.

Doch: Nicht mehr der Mangel, sondern das Ertrinken in einem Zuviel an Angeboten bestimmt unser modernes Leben. Die Wahrnehmung der sozialen Realität hinkt der realen Entwicklung des Wohlstands hinterher.

Fragen wir Unternehmer und Unternehmerinnen, so müssen sie eingestehen: Nicht mehr im Kapitalmangel, sondern im Nicht-Wissen, wo Investieren noch Sinn macht, liegt heute das Problem. Überschüssiges Kapital sucht nach Anlagemöglichkeiten in neuen Märkten – das ist der wirkliche Grund für die Globalisierung – oder flieht in überhitzte Finanzmärkte, die sich immer mehr vom realen Wirtschaftsleben abkoppeln und uns in neue Instabilitäten treiben, wie die bereits angesprochene Finanzkrise 2008 gezeigt hat.

Vorschläge wie garantierte Mindestlöhne oder Arbeitszeitverkürzungen werden abgetan, weil wir uns dies angeblich nicht leisten können. Dass wir uns Spitzeneinkommen, die über dem Vielfachen der Normaleinkommen liegen, und eine Akkumulation der Vermögen bei einigen wenigen leisten (können), bleibt dabei außen vor. Dass materielle Knappheiten von heute nicht aus einem Mangel resultieren, sondern aus einer mangelhaften Verteilung, wird nicht gesehen. Nach oben scheint es keine Grenzen zu geben.

## Ideologie des Wachstums

Eng verknüpft mit der Ideologie der Knappheit ist die *Ideologie des Wachstums*, die kein Genug kennt. Gesellschaften, denen es am Notwendigen fehlt, deren Ökonomien müssen wachsen. Doch satte Gesellschaften, die alles haben – und wir haben in materieller Hinsicht (fast) alles – brauchen nicht mehr wachsen. Die Wegwerfgesellschaft und die permanente Verkürzung der Lebensdauer der Produkte, das Erfinden von immer neuen Dingen von oft sehr zweifelhaftem Nutzen sowie die künstliche Schaffung von Bedürfnissen hierfür hält die Wachstumsmaschinerie in Gang.

*Klaus Firlei* spricht von ›Erlebniskapitalismus‹ als neuer Stufe dieses Akkumulationszwangs. Da wir materiell weitgehend gesättigt sind, werden eben Erlebnisse vermarktet und künstlich inszenierte Wohlfühlprogramme angepriesen.

Freilich: Es gäbe auch in unseren Wohlstandsgesellschaften noch sinnvolle Investitionsmöglichkeiten, die wir uns aber oft *nicht* ›leisten‹ können. Wir sollten unsere Häuser energiesparender isolieren und unsere Städte wieder wohnlicher gestalten. Wir bräuchten intelligentere Mobilitätssysteme, die uns vom Lärm und Gestank der Autolawinen befreien und auch das Versiegen der Erdölquellen überleben.

Sinnvolle neue Tätigkeiten ließen sich auch im Sozial- und Kulturbereich finden. Doch insgesamt ist die Wachstumsnotwendigkeit begrenzt. Das lange Zeit erfolgreiche Motto ›Wohlstand *durch* Wachstum‹ gilt in der Überflussgesellschaft nicht mehr. Zu stellen ist die Frage ›Wohlstand *oder* Wachstum?‹

Doch Wachstum hat sich offensichtlich derart tief in unser Bewusstsein eingeschrieben, dass dessen Ende als Stillstand und Schrumpfung als Bedrohung wahrgenommen wird. Dabei ist unbegrenztes physisches Wachstum in einer begrenzten Welt per se nicht möglich. In der Natur gibt es nur *organisches* Wachstum. Bäume wachsen bekanntlich nicht in den Himmel. Und der Mensch ist physisch spätestens mit zwanzig Lebensjahren ausgewachsen. Das Wachstumsparadigma stößt an seine Grenzen. Schrumpfung muss daher ebenso Thema werden wie die Frage, *was* in Zukunft wachsen soll. Intelligente Entwicklung zeichnet sich durch das Finden des Optimums aus, nicht des Maximums (mehr s. Kap. IV).

## Ideologie des Konsums

Die *Ideologie des Konsums* schließlich suggeriert, dass unsere materiellen Bedürfnisse unbegrenzt seien, das Ziel von Wirtschaften daher sein müsse, uns noch immer mehr Güter leisten zu können. ›Ökologie‹ und ›Nachhaltigkeit‹ werden dieser Wahrnehmung entsprechend gemeinhin mit

Begriffen wie Verzicht, Einschränkung oder Verlust an Lebensqualität assoziiert. Begrenzung als Chance zu begreifen, wäre jedoch – in der Einleitung haben wir bereits davon gesprochen – das sich uns in den Reichtumsgesellschaften stellende Ziel. Dies zu erkennen, ist wiederum wesentlich eine mentale Aufgabe.

Unser Planet ist groß und bietet Platz für alle und auch die in Zukunft geborenen Menschen. Nicht machbar ist jedoch die Fortführung beziehungsweise Ausweitung des gegenwärtigen Akkumulations- und Expansionskurses. Und auch dem herrschenden Besitzdenken sind Grenzen gesetzt, was sich am Beispiel mit den *Strandstühlen* gut darstellen lässt.

Jeden Tag stehen mehr Menschen etwas früher auf, um sich Liegestühle zu besetzen, bevor die anderen Badegäste kommen. Die Folge dieses Verhaltens ist klar: bald sind alle Liegestühle besetzt; die Mehrzahl der Badenden kann diese nicht mehr nutzen. Übertragen auf die heutige Konsumgesellschaft bedeutet dies, dass es unmöglich ist, alles besitzen zu wollen und trotzdem den Anspruch vor sich herzutragen, dass dies ja allen anderen auch möglich sei. Hemmungslos Besitztümer anhäufen, mit den Autos die Städte verstopfen, Energie verschwenden, als würde diese im Überfluss vorhanden sein – all das ist nicht dauerhaft machbar und vor allem ist dieses Besitzdenken höchst ungerecht, da es all jene mit fehlender Kaufkraft ausschließt. Dabei ginge es darum, die noch nicht erkannten Chancen unserer Nachknappheitsgesellschaft zu sehen, die sich nicht mehr auf die Überwindung der materiellen Not oder vordemokratischer Verhältnisse konzentrieren muss. Zukunftsfähigkeit erfordert also mehr als das herkömmliche durch ein ökologisches Konsumparadigma zu ersetzen. Am Beispiel der Liegestühle: Es reicht nicht, jene aus Kunststoff (wieder) durch solche aus Holz auszutauschen. Notwendig werden das Teilen der nur begrenzt verfügbaren Liegestühle und das ›Verlassen der Komfortzone‹, von dem der Sozialpsychologie *Harald Welzer* spricht. Doch das bedeutet kein schlechteres Leben, sondern ein freieres, in dem Kooperation und Gemeinschaft den permanenten Wachstumsdruck abgelöst haben werden.

Bevor wir uns neuen Bildern von Wohlstand zuwenden, machen wir einen kurzen Ausflug in die Volkswirtschaftslehre und widmen uns den Grenzen des Versprechens vom ökologischen Konsum (Kap. III) sowie dem Charme einer Postwachstumsökonomie (Kap. IV).

# Kapitel III
# Die leichtfertige Rede von der Weltrettung

Dass unsere Art des Wirtschaftens nicht nachhaltig ist, hat sich mittlerweile herumgesprochen. Alle reden von notwendigen Kurskorrekturen, von der Verringerung des Ressourcenverbrauchs, von Energieeffizienz, von nachhaltiger Rohstoffbewirtschaftung und Minimierung der Abfälle und Emissionen. Doch der Tenor der Debatten reicht in eine Richtung: die Bürger und Bürgerinnen sollen es richten. Gesetzt wird auf bewusste Konsumentinnen und Konsumenten, die die Unternehmen via geänderte Marktnachfrage zu einem nachhaltigen Wirtschaften anhalten sollen.

Das Konzept der *Konsumentendemokratie* bietet in der Tat Chancen für die geforderte Transformation, es birgt aber auch Fallen. Um beides soll es in diesem Kapitel gehen. Im Zentrum steht dabei die leichtfertige Rede von der Weltrettung im heutigen Diskurs über nachhaltigen oder ethischen Konsum. ›Auch du kannst die Welt retten, indem du unser ökologisches Produkt kaufst‹ – so lässt sich etwas vereinfacht die Botschaft des Öko-Konsums darstellen. Öko-Ratgeberbücher wie ›Shopping for a better World‹ suggerieren, dass wir mit einem anders gefüllten Einkaufskorb die Dinge wieder ins Lot bringen könnten. Dass wir damit die Welt nicht retten, ja womöglich nicht einmal ein wenig besser machen, bleibt dabei außer Sicht. Warum ist das so?

## Zwei Funktionslogiken von Wirtschaften

Zum Verständnis zunächst etwas Wirtschaftstheorie. »Wirtschaft ist die Summe der Einrichtungen zur Deckung des menschlichen Bedarfs an Gütern und Dienstleistungen«, so die einfache Definition im Sprachwörterbuch *Duden*. Es geht also um den ›menschlichen Bedarf an Gütern und Dienstleistungen‹. In diesem Sinne können wir von einem *bedarfsorientierten Wirtschaften* sprechen. Wir erzeugen uns das, was wir zum Leben brauchen. Die Praxis der modernen Konsumgesellschaft sieht freilich anders aus.

Wirtschaften besteht immer aus den Vorgängen des Produzierens *und* Konsumierens. Eine Wirtschaft, in der produziert würde ohne Bezug auf potenzielle Käufer kann nicht funktionieren. Während in Planwirtschaften Güter nach verordneten Plänen produziert und dann verteilt werden, reguliert diesen Austausch in Marktwirtschaften der Markt. Es geht um das Austarieren von Angebot und

Nachfrage. Dies erfordert Kommunikation zwischen Unternehmen, die produzieren, und Nachfragern, die konsumieren. Kauf- und Verkaufsakte sind daher Wesensmerkmale in modernen, geldbasierten Marktwirtschaften.

*Kaufakte* sind dabei immer auch *Kommunikationsakte:* Die Kaufenden sind bestrebt, die ihnen wichtigen Güter zu einem möglichst niedrigen Preis zu finden. Die Verkaufenden trachten danach, ihre Güter möglichst vielen Käufern und Käuferinnen zu einem möglichst hohen Preis zu verkaufen, wobei sie in Konkurrenz zu anderen Anbietern stehen.

In einer bedarfsorientierten Wirtschaft wird produziert, was Menschen brauchen und daher nachfragen. Der Gebrauchswert der Güter steht im Mittelpunkt. Die Kaufenden sind der Souverän. Sie entscheiden, was und bei wem sie kaufen. Ich beginne zu studieren, brauche daher eine Arbeitstasche oder einen Computer. Im Geschäft vergleiche ich verschiedene Angebote und kaufe das gewünschte Produkt. Ein neues erstehe ich erst, wenn das alte nicht mehr gebrauchstüchtig ist. War ich mit dem Produkt zufrieden, werde ich wieder dasselbe nachkaufen. War ich nicht zufrieden, etwa weil es zu wenig lange gehalten hat, werde ich Erkundungen über Alternativen einholen.

In einer bedarfsorientierten Wirtschaft gibt es durchaus Innovationen, aber nur im Sinne der Verbesserung des Gebrauchswerts. Solche Wirtschaften, die den Hauptfokus auf die notwendigen Dinge des alltäglichen Bedarfs legen und in denen Luxus wenig Rolle spielt, wachsen nur bedingt oder gar nicht.

Ganz anders funktionieren *Bedürfnisse generierende Wirtschaften.* Der Impuls für Kaufakte geht nicht primär vom Käufer aus, der einen Bedarf befriedigen möchte, sondern von den Anbietern, den Unternehmen, die ihre Produkte absetzen wollen und dafür eben Bedürfnisse kreieren – mittels Werbung, die viel mehr ist als Produktinformation. In diffizilen Botschaften wird vermittelt, dass dein Leben viel schöner werden wird oder du nur dazugehörst, wenn du dieses oder jenes Produkt kaufst, dass du nur am aktuellen Stand bist, wenn du das alte durch das soeben entwickelte neue Produkt ersetzt.

Es ist nicht schwer zu erraten, in welcher Wirtschaft wir derzeit leben. Das *World Watch-Institute* hat berechnet, dass sich der Weltkonsum seit 1960 versechsfacht hat. Dieses Anwachsen des Konsums resultierte aber nur zu einem geringen Teil aus der Ausstattung von mehr Menschen mit den elementaren Grundgütern, sondern war vorwiegend der Ausweitung der Konsumansprüche der ohnedies bereits Begüterten geschuldet.

Zwei wesentliche Treiber stehen hinter dieser Konsumexpansion: zum einen die Verkürzung der Lebenszyklen der Produkte – immer schneller werden alte Dinge durch neue ersetzt; zum anderen durch die ständige Entwicklung neuer Dinge – zum Küchenherd kam die Mikrowelle, zum Kopiergerät der Drucker usw.

Beides ist nur möglich, wenn uns ein Zusatznutzen der neu angebotenen Güter plausibel gemacht wird – das neue Auto ist komfortabler, schneller oder spritziger, der neue Rasenmäher bequemer, effizienter oder leichter handhabbar (so folgte dem alten Handrasenmäher der motorbetriebene, der derzeit vom sich selbst steuernden Roboterrasenmäher abgelöst wird). Und wenn es schwer wird, einen Zusatznutzen zu generieren, etwa wenn das Auto nicht mehr besser gemacht werden kann, dringt der Nebennutzen in den Vordergrund, beispielsweise die digitale Musikanlage des Neuwagens.

All dies ist freilich nur denkbar mit einem großen Werbeaufwand – Zusatz- und Nebennutzen müssen den Menschen ja vermittelt werden. So beziffert das *World Watch-Institute* die weltweiten Ausgaben für Werbung bereits für das Jahr 2008 mit 643 Milliarden US-Dollar, die Werbeausgaben sind mittlerweile wohl weiter stark gestiegen, sie wachsen schneller als der Konsum.

Nun sind wir natürlich keine Sklaven der Werbung, dieser auf Gedeih und Verderb ausgesetzt, sondern freie Menschen, die der Werbung Glauben schenken können oder auch nicht. Doch Werbebilder entfalten auf diffizile Weise ihre Wirkung. Sie enthalten Botschaften, die – wie bereits angedeutet wurde – meist über den unmittelbaren

Nutzen des Produkts weit hinausweisen. Versprochen werden Dinge wie Dazugehören, Lebensfreude, Harmonie, Glück, Energie usw.

Der Soziologe *Pierre Bourdieu* spricht von ›demonstrativem Konsum‹, also dem Ziel, sich anderen durch Güter zu zeigen bzw. sich von diesen durch den Besitz bestimmter Güter zu unterscheiden. Zudem wird von einer zunehmenden Ausdifferenzierung der Konsumwünsche ausgegangen, wobei der Begriff der ›Verfeinerung der Bedürfnisse‹ in die Irre führen kann, da die neu angeschafften Dinge keineswegs immer das Leben verfeinern.

## Konsumfallen

Aus der Lebensqualitätsforschung wissen wir, dass die Zunahme der materiellen Güter nur bedingt zu einer Zunahme an Lebensqualität führt. Ab einem gewissen Einkommensniveau steigt die Lebenszufriedenheit nicht mehr. Auch der Konsum unterliegt einem ›abnehmenden Grenznutzen‹, von dem wir bereits gehört haben. Mehr Besitz bedeutet nicht gleich mehr Lebensqualität.

Der Ökonom *Mathias Binswanger* spricht von »Tretmühlen des Glücks« und nennt vier Konsumfallen: die *Anspruchsfalle* – je mehr wir haben, umso mehr wollen wir dazu; die *Statusfalle* – wir wollen haben, was andere auch haben; die *Zeitsparfalle* – nicht alle Dinge, die wir anschaffen, sparen Zeit. Im Gegenteil: Neue Güter erfordern Zeit, da sie ja gebraucht werden wollen; sowie die *Multioptionsfalle* – die Wahlmöglichkeit zwischen einer Überfülle an Produkten führt zu permanentem Entscheidungsstress. Getrieben werden Bedürfnisse generierende Wirtschaften nicht vom *Nutzwert*, sondern vom *Mehrwert* von Produkten, also vom Gewinn, der mit diesen lukriert werden kann. Es wird produziert für Menschen, die über Kaufkraft verfügen. Kaufkraft, nicht der Bedarf an Gütern, entscheidet, ob es zum Kaufakt kommt. Dies ist die wesentliche Ursache dafür, dass trotz enormer Produktivität und hoher Vermögenswerte dennoch Menschen verhungern (s. Kap. II).

Getrieben werden Bedürfnisse generierende Wirtschaften auch von einem *Wachstumsdrang*, vielleicht sogar einem *Wachstumszwang*. Die Konkurrenzsituation der Unternehmen sowie ihr Zwang zur Gewinnausschüttung führen zur Generierung immer neuer Bedürfnisse bei den kaufkräftigen Schichten, um die erzeugten Güter und Dienstleistungen absetzen zu können. Wir kommen noch darauf zurück.

Was hat dies nun mit ökologischem oder ethischem Konsum zu tun? Unternehmen reagieren auf Kundenwünsche. Und sofern ökologische oder ethische Produkte nachgefragt werden, werden diese auch angeboten – und vielleicht auch sogar beworben. Doch die Unternehmen handeln nicht insgesamt ökologisch oder ethisch, sondern sie bedienen eben nun auch dieses Nachfragesegment. Sie bedienen aber weiterhin – und ich befürchte – vor allem das alte, nicht nachhaltige Nachfragesegment.

Natur als beliebtes Sujet von Autowerbungen (Foto: Holzinger)

Dies lässt sich gut am Beispiel von Autowerbungen illustrieren. Autokonzerne bieten mittlerweile durchaus Fahrzeuge mit weniger Spritverbrauch an; der Großteil der verkauften Autos fällt jedoch nicht in diese Kategorie. Autowerbungen sprechen auch heute noch nach wie vor Aspekte wie Eleganz, Komfort, Schnelligkeit oder die ›Freude am Fahren‹ an, wie es ein Autokonzern unverblümt zugibt. Die unberührte oder wilde Natur wird häufig als Kulisse in die Inszenierung eingebunden – denn in der Werbung stehen Autos nie im Stau. Oder es wird gar suggeriert, Autofahren sei die ›natürliche Fortbewegung‹, wie ich einem Werbeinserat entnehmen konnte.

Spritärmere und kleinere Autos werden bedeutend weniger beworben als die großen und schweren, weil mit letzteren mehr verdient werden kann. Auch Bahnunternehmen versuchen ihre Kunden und Kundinnen mit Werbung anzusprechen – mitunter ganz originell wie eine Anzeige der Deutschen Bundesbahn zeigt, in der Autos in einer Staukolonne gezeigt werden mit dem Kommentar ›Der Ansatz ist bereits richtig. Nun alle gemeinsam.‹ Doch die Werbeetats der Bahnunternehmen liegen wohl deutlich unter jenen der Autokonzerne.

Die Europäische Union hat den Autoproduzenten zwar Auflagen mit Flotten-Obergrenzen für den $CO_2$-Ausstoß verordnet, um deren Höhe ja zwischen Autolobbies und Umweltschützern heftig gerungen wird. Doch der bisherige ›Erfolg‹ dieser Regelung liegt lediglich darin, dass Hersteller, die bisher nur Großwägen produziert haben, nun auch einen oder zwei ›Öko-Autos‹ in der Produktpalette führen. Die Folge dieser Entwicklung: Der $CO_2$-Ausstoß durch den PKW-Verkehr ist bislang nicht zurückgegangen. Jene, die ein Sprit sparendes und damit auch $CO_2$-ärmeres Fahrzeug anschaffen, ermöglichen den anderen, weiterhin ihren Großwagen zu fahren – nun mit gutem Gewissen, weil ja jeder Autokonzern ohnedies die $CO_2$-Auflagen erfüllen muss.

## Konsumentendemokratie

Von den Fallen des *Konsums* haben wir bereits gesprochen. Bevor wir uns den Fallen des *Öko-Konsums* zuwenden, sei kurz die Geschichte der Konsumentendemokratie in Erinnerung gerufen.

Die Anfänge der Konsumentendemokratie gehen zurück auf erste *Konsumboykotte*, zu denen in den 1960er- und 1970er-Jahren aufgerufen wurde: etwa gegen das Apartheid-Regime Südafrikas oder gegen den Lebensmittelkonzern *Nestle*, der Müttern in Entwicklungsländern Milchpulver für ihre Babys aufgeschwatzt hatte; und da diese aufhörten, ihre Babys selbst zu stillen, verloren die Kleinen jene Widerstandskräfte, die in der Muttermilch zu finden waren.

In Erinnerung sind auch Aufrufe zum Boykott des Konzerns *Quiquita*, der die Tagelöhner auf seinen Bananenplantagen ausbeutete und wohl noch immer ausbeutet. ›Wer macht die Banane krumm?‹ – lautete etwa eine Kampagne in den 1970er-Jahren gegen den Weltkonzern. Als noch früherer Vorläufer gelten die Salzmärsche in Indien, in denen *Mahatma Gandhi* 1930 seine Landsleute zum Boykott der Salzprodukte der britischen Kolonialherren und zur Herstellung des eigenen Salzes aufrief.

Das heutige Konzept der Konsumentendemokratie hängt mit dem Prozess der Globalisierung des Wirtschaftens und deren Auswirkungen auf die Arbeits- und Lebenswelten der Menschen zusammen. Es wurde von dem Soziologen *Ulrich Beck* geprägt. Dieser konstatierte bereits in den 1980er-Jahren einen Machtverlust der Nationalstaaten und Gewerkschaften gegenüber den transnationalen Konzernen. Der Machtbegriff von *Max Weber*, demgemäß stärkere Staaten das Drohpotential hätten und immer wieder auch nutz(t)en, um in schwächeren Staaten einzumarschieren, gelte nicht mehr, analysierte Beck. Die neuen dominanten Weltakteure, die Konzerne, würden mit dem Ausmarsch bzw. mit dem Nicht-Einmarsch drohen, wenn Staaten ihnen nicht die gewünschten Rahmenbedingungen wie niedrige Löhne und niedrige Steuern garantierten, so der Erfinder der ›Weltrisikogesellschaft‹.

*Fred Hirsch* sprach vom ›Wettbewerbsstaat‹, der sich den Konzernen beugen müsse. *Ulrich Beck* forderte aus dieser geänderten Machtlage die transnationale Formierung der Konsumenten und Konsumentinnen. Der »Entzugsmacht der Konzerne« müsse die »Entzugsmacht der Konsumenten« entgegengestellt werden, denn die »Zerbrechlichkeit der Legitimität« sei die einzig verbliebene Achillesferse der Konzerne im Zeitalter der Globalisierung. Beck hatte die politische Organisierung der Konsumenten und Konsumentinnen im Auge – eine Aufgabe, der sich in der Folge kritische Nichtregierungsorganisationen annahmen, in dem sie die unlauteren Praktiken von Konzernen aufdeckten und an den Pranger stellten.

Der ›ökologische‹ oder ›ethische‹ Konsum reduziert das Handeln jedoch auf den Akt des Kaufens, der alles gut machen solle. Der Kommunikationswissenschaftler *Norbert Bolz* schwärmt gar von »sorgendem Kapitalismus«, der aus dem Zusammenwirken besorgter Konsumenten und Unternehmen entstünde. Er hofft auf die Suche nach Sinn, die auch die Unternehmen zu *guten* Unternehmen machen würde.

## Grenzen ökologischen Konsums

Was kann nun falsch daran sein, das ökologischere oder ethisch verträglichere Produkt zu kaufen, könnte man einwenden. Ich möchte einige Fallen nennen, denen der ›grüne‹ oder ›ethische‹ Konsum unterliegt.

Der Appell, nachhaltige Produkte zu kaufen, wird der Größe der Herausforderung, nämlich den Ressourcenverbrauch und den Ausstoß an Emissionen in den nächsten Jahrzehnten um den Faktor 5 – 10 zu verringern, nicht gerecht. Öko-Konsum wirkt daher verharmlosend. Wir brauchen nicht (nur) einen *anderen* Konsum, sondern bedeutend *weniger* Konsum.

Der Kauf grüner oder fairer Produkte ist auch keine genügende Antwort auf die globale Ungleichverteilung des Reichtums. Wir brauchen daher nicht nur einen *anderen Konsum*, sondern *andere globale Regularien*, die eine Umverteilung des Wohlstandskuchens unter Begrenzung des Zugriffs auf die Naturressourcen und damit globale Fairness ermöglichen.

Nicht zuletzt: Auch der grüne oder ethische Konsum bleibt dem Konsumdenken bzw. dem »Konsumdispositiv«, von dem die Kulturwissenschaftlerin *Gabriele Sorgo* spricht, verhaftet. Der Mensch wird weiterhin v. a. als Konsumwesen wahrgenommen. Wir brauchen daher nicht nur einen *anderen Konsum*, sondern viel mehr noch *andere Bilder von Wohlstand* bzw. vom *guten Leben*.

Die zentralen Herausforderungen liegen in einer Abkehr von exponentiellem Wachstum, das den modernen Kapitalismus prägt, und in einer radikalen, globalen Umverteilung – ein Projekt, das der real existierende Kapitalismus von sich aus nicht schafft, ja nicht intendiert, wie wir bereits gesehen haben. Worin liegen nun die Fallstricke der Konsumentendemokratie?

Konsumentendemokratie leistet der Gewissensberuhigung Vorschub anstatt zum politischen Handeln zu bringen, so die Journalistin *Kathrin Hartmann* in ihrem Buch ›Das Ende der Märchenstunde‹, in dem sie mit den Weltrettungsversprechen der Unternehmen und der Öko-Konsumportale aufräumt. Die Abstimmung an den Supermarktkassen kann jene in den Parlamenten nicht ersetzen, ergänzt der Begründer der Gemeinwohlökonomie *Christian Felber*. Notwendig seien klare politische Vorgaben für ein anderes Wirtschaften. Ein Befund, den auch die Analysen von *Armin Grunwald*, Direktor des Büros für Technikfolgenabschätzung in Berlin, bestätigen. ›Ökologischer Konsum‹ könne die Umwelt nicht retten, so auch seine Überzeugung. Zum einen sei es eine Illusion, dass Aufklärung allein zu einem anderen Verhalten führt, zum anderen gäbe es häufig Fehlwahrnehmungen, etwa jene, dass Duschen statt Baden helfe, das Problem der Wasserknappheit zu lösen, während das tatsächliche Problem im Massenimport wasserintensiver Produkte wie Baumwolltextilien oder Rindfleisch liege. ›Öko-Konsum‹ verkomme so zum Ablasshandel, meint auch Grunwald.

Letztlich zählt die kollektive Nachhaltigkeitsbilanz, also die ganzer Staaten bzw. die der ganzen Menschheit, nicht die einzelner, rechnet schließlich der Konsumforscher *Michael Bilharz* vor. Bei Gemeingütern verpuffe die Wirkung einzelner Vorbilder, diese erforderten eine Verhaltensänderung aller, so der Ökologe.

Und *Niko Paech*, Deutschlands erster Postwachstumsökonom, meint pointiert, dass es keine nachhaltigen Produkte gäbe, sondern nur nachhaltige Lebensstile. Um es deutlich zu machen: Wer sich eines Autos mit geringem Spritverbrauch rühmt, aber viele Jahreskilometer damit fährt, ist weniger nachhaltig unterwegs als jemand, der seinen alten Benzinschlucker ein paar Mal im Jahr ausfährt. Letzteres führt zu jenem Phänomen, dass mit *Reboundeffekten* beschrieben wird.

Effizienzsteigerungen führen kurzfristig zu Ressourceneinsparungen, die jedoch durch Ausweitung des Konsums bzw. dessen Verlagerung auf andere Bereiche wieder aufgesogen werden. *Tilman Santarius* vom Wuppertal-Institut für Klima, Umwelt und Energie hat dieses Phänomen an vielen Beispielen untersucht.

## Nachhaltiges Wirtschaften

Was würde nun in der Tat nachhaltiges Wirtschaften bedeuten? Es geht um die Minimierung der Stoffdurchsätze und Emissionen. *Ernst Ulrich von Weizsäcker* spricht von einer ›Zero Waste‹ und ›Zero Emission Economy‹. Doch sein früh geäußertes Versprechen eines ›Faktors 4‹ im Sinne von ›Doppelter Wohlstand – Halbierter Naturverbrauch‹ ist zumindest bislang nicht Wirklichkeit geworden.

Sein Kollege *Friedrich Schmidt-Bleek*, der Erfinder von MIPS, jener Maßeinheit, die die ›Materialintensität pro Serviceeinheit‹ etwa für Wohnen, Mobilität oder Ernährung, misst, sprach gar vom ›Faktor 10‹, also einer Verzehnfachung der Ökoeffizienz, was bedeuten würde, denselben Wohlstand mit nur einem Zehntel des gegenwärtigen Naturverbrauchs hinzukriegen.

*Michael Braungart* verspricht mit seinem ›Cradle to cradle‹-Ansatz schließlich eine Kreislaufwirtschaft ohne Abfälle, ein Unterfangen, das im öffentlichen Diskurs über Nachhaltigkeit hochgelobt wird, weil es zugleich verspricht, dass wir von unserem materiellen Wohlstand keine Abstriche machen müssten. Folgerichtig plädiert Braungart für ›Intelligent verschwenden‹.

Doch industrielles Wirtschaften ohne Ressourcenverbrauch ist unmöglich. Die Materialintensität der Weltwirtschaft, also der pro Einheit Bruttosozialprodukt anfallende Ressourcenverbrauch, ist in den letzten Jahrzehnten zwar um ein Viertel gesunken, das Weltbruttosozialprodukt hat sich in dieser Zeit jedoch beinahe verdoppelt, rechnet die Ökologin *Jill Jäger* vor. Allein bis 2020 wird eine Steigerung des globalen Ressourcenverbrauchs um weitere 50 Prozent prognostiziert.

Daher ist die *Effizienzstrategie* zu ergänzen um eine *Suffizienzstrategie.* Es geht um eine (Re)-Orientierung des Wirtschaftens an den Grundbedürfnissen, das heißt um die Befriedigung der ›needs‹ aller statt der ›wants‹ (Wünsche) einiger weniger, wie es der Nachhaltigkeitsökonom *Herman Daly* ausdrückt.

In globaler Perspektive hieße dies etwa: Lebensmittel und Basisinfrastrukturen für alle als oberstes Ziel – alles andere kommt danach! Erforderlich wären ganz neue Prioritätensetzungen hinsichtlich einer Weltgesellschaft, die alle ErdenbürgerInnen den Zugang zu den Basisgütern des Lebens ermöglicht. In den Wohlstandsgesellschaften müssen wir dem Wachstum eine andere Richtung geben.

In den Worten der Ökonomin *Hazel Henderson*:

- Kein Gewinn auf Kosten der Ausbeutung der sozialen und natürlichen Umwelt;
- Richtungsänderung des Wachstums, das heißt mehr öffentlicher statt mehr privater Konsum;
- Konsequente Besteuerung des Umweltverbrauchs;
- Einkommensumverteilung als Schlüsselansatz gegen den Wachstumszwang.

Mit *Herman Daly* ist zu ergänzen, dass in einer ›steten Wirtschaft‹ nicht Wachstum per se untersagt ist, sondern das Anwachsen des Stoffdurchsatzes. Es geht um die Erhöhung der ›Durchlaufproduktivität‹, der Gebrauchsdauer von Gütern sowie um Lebensstile der Begrenzung.

Wir brauchen neue Indikatoren für die Messung von Wohlstand, wofür es mittlerweile viele Ansätze gibt. Wegen seiner Überschaubarkeit leicht umzusetzen wäre etwa das ›Wohlstandsquintett‹ des *Denkwerk Zukunft*. Dieses verbindet das BIP/Kopf mit dem ökologischen Fußabdruck, der Wohlstandsverteilung, den öffentlichen Schulden sowie – als qualitativ zu erfragendem Faktor – dem Grad der Inklusion der Menschen in die Gesellschaft.

Wir brauchen ein Ende der Verschleißwirtschaft und eine Rückkehr zu langlebigen und reparierfähigen Produkten. Mittlerweile werben Firmen mit Rückholaktionen, nicht weil das Produkt fehlerhaft, sondern weil ein noch ›besseres‹ oder ›raffinierteres‹ auf den Markt gekommen ist. Mehrere Autoren, etwa *Stefan Schridde* (›Murks. Nein danke‹) und *Christian Kreiß* (›Geplanter Verschleiß‹) haben das Phänomen der ›geplanten Obsoleszenz‹, also der bewussten Verkürzung der Lebenszyklen von Produkten untersucht. Die Homepage *www.murks-nein-danke.de* informiert über Fälle dieses absichtlichen Verschleißes. Daneben gibt es die ›funktionelle Obsoleszenz‹, die eben darauf basiert, dass Produkte rasch veralten, keine Ersatzteile mehr zu kriegen sind oder – bei PCs – neue Programme nicht installiert werden können.

Um Phänomenen wie der *Obsoleszenz* entgegenzuwirken, reicht kein bewusster Konsum. Erforderlich ist ein Konsumentenschutz, der derartige als wirtschaftskriminell zu bezeichnende Praktiken unterbindet.

Vorschläge dazu benennen wir im Schlusskapitel. Zunächst wenden wir uns aber der Perspektive einer Postwachstumsökonomie zu.

# Kapitel IV
# Die Postwachstumsperspektive

»Der sture Blick auf die Vermögensmehrung beziehungsweise die Gewinne und Renditen befürchtet Zinsen treibenden Zeitverlust und eliminiert damit die Gegenwart«, so der Finanzexperte *Arno Gahrmann.*

Gemeint ist damit der im letzten Abschnitt bereits problematisierte Wachstumsdrang kapitalistischen Wirtschaftens.

Viele Akteure geraten unter Druck: Die Klein- und Mittelbetriebe, die befürchten müssen, von größeren geschluckt zu werden; die Belegschaften, die permanent mit der ausgesprochenen oder unausgesprochenen Drohung der jederzeit möglichen Kündigung leben müssen; nicht zuletzt die Politik, die auf Steuereinnahmen der wachsenden Wirtschaft angewiesen ist.

Die Ideologie des Wachstums ist dem zinsgetriebenen Kapitalismus gleichsam eingeschrieben. Wer bereits über Vermögen verfügt, kann dieses gewinnbringend anlegen, da er es ja nicht für Konsumzwecke braucht. Das Vermögen vermehrt sich ohne eigenes Zutun. Die erste Million ist bekanntlich am schwierigsten verdient.

Da Zinsen jedoch erarbeitet werden müssen, bezahlen diese die KonsumentInnen über die Preise für die Produkte mit dem Geld aus dem Einkommen für ihre Arbeit. Denn: »Wir arbeiten und nicht das Geld«, wie Arno Gahrmann treffend formuliert. Parallel zur (öffentlichen) Verschuldung steigen somit die Vermögen immer mehr an, investiert werden sie jedoch dort, wo die größte Rendite wartet, und nicht dort, wo Kapital gebraucht würde.

Ein vielversprechender Ansatz liegt daher in der Perspektive einer Postwachstumsökonomie, in der global die Wirtschaft zwar weiterwachsen, in den Wohlstandsgesellschaften jedoch schrittweise redimensioniert und zurückgebaut würde. Gesprochen wird von einer »reduktiven Moderne« (*Harald Welzer*).

In zahlreichen Wohlstandsländern sind Bewegungen entstanden, die eine Abkehr vom alten Wachstumspfad vorschlagen. Im angloamerikanischen Raum sind etwa die ›Downsizing‹-Initiativen und die ›Degrowth‹-Bewegung zu nennen – als wichtiger Proponent gilt dabei der britische Ökonom *Tim Jackson* mit seiner Publikation ›Welfare without Growth‹ (*www.degrowth.org*).

In Frankreich gilt die Bewegung für ›Décroissance‹ um *Serge Latouche* (›Es reicht! Abrechnung mit dem Wachstumswahn‹) als kritischer Stachel gegen das herrschende Wachstumsdenken (*www.decroissance.fr*). In Deutschland umfasst die Postwachstums-Bewegung ein breites Spektrum von konservativen Think Tanks wie dem ›Denkwerk Zukunft‹ um *Meinhard Miegel* (›Exit. Wohlstand ohne Wachstum‹) über liberal-ökologische Ansätze der einstigen BUND-Vorsitzenden *Angelika Zahrndt* sowie der Ökologin *Irmi Seidl* (›Postwachstumsgesellschaft‹, *www.postwaschstum.de*) oder des früheren Bremer Umweltsenators *Reinhard Loske* (›Abschied vom Wachstumszwang‹) bis hin zu linken Postwachstumsperspektiven der Nichtregierungsorganisation *attac* (*postwachstum.net*).

Anregungen für eine Postwachstumsperspektive kommen auch aus Ländern des Südens, etwa durch die lateinamerikanische Bewegung des ›Buen vivir‹. Einer ihrer Vertreter, *Alberto Acosta*, spricht vom Recht auf ein gutes Leben jenseits des Ökonomismus.

Die Philosophin *Christine Ax*, die über die Zukunft eines neuen Handwerks gearbeitet hat, sowie der Ökonom und Nachhaltigkeitsexperte *Friedrich Hinterberger* beschreiben in ihrem Buch ›Wachstumswahn‹ die durchaus erfolgreiche Geschichte des Wirtschaftswachstums, zugleich machen sie aber deutlich, dass dieses an seine Grenzen stößt und dass es Alternativen gibt.

Neben den mittlerweile bekannten ökologischen Argumenten werden dabei auch handfeste ökonomische Gründe ins Treffen geführt: der abnehmende Grenznutzen weiterer Güteranhäufung, wenn ein bestimmtes materielles Niveau erreicht ist; das Überhandnehmen der sogenannten Negativkosten, die sich in Umwelt- wie in Innenweltzerstörung (z. B. zunehmender Stress) äußerten oder das Abflachen der Produktivitätsfortschritte und Wachstumsmargen in Dienstleistungsgesellschaften, da sich eben Dienstleistungen nur begrenzt rationalisieren lassen.

*Niko Paech* von der Universität Oldenburg hat in seinem vielbeachteten Buch ›Befreiung vom Überfluss‹ überzeugend dargelegt, dass unsere Art des Wirtschaftens auf Voraussetzungen basiert, die wir nicht selbst geschaffen haben und auch nicht dauerhaft aufrechterhalten werden können. Wir leben sozusagen auf Pump.

Auch in der Politik wird bereits über Postwachstum nachgedacht bzw. nachdenken lassen. Genannt seien die *Stiglitz-Fitoussi-Kommission* in Frankreich, die den Auftrag erhielt, neue Indikatoren für Wohlstand jenseits des Bruttosozialprodukts zu entwickeln (›Beyond GDP‹, *www.stiglitz-sen-fitousi.fr*), die *Enquete-Kommission* des Deutschen Bundestags ›Wohlstand, Wachstum, Lebensqualität‹ (*www.enquete-kommission.de*) sowie das Projekt ›Wachstum im Wandel‹ des Österreichischen Umweltministeriums (*www.wachstumimwandel.at*).

Auch wenn die Postwachstumsökonomie noch keineswegs den Mainstream der Wirtschaftsschulen erfasst hat, zeigt sie, dass ein Umdenken möglich ist. Bisher übliche Argumente für Wirtschaftswachstum sind in einem neuen Licht zu betrachten und kritisch zu hinterfragen. An anderer Stelle habe ich fünf Argumente, die in den öffentlichen Debatten für weiteres Wirtschaftswachstum ins Treffen geführt werden, ausführlich dargelegt und kritisch beleuchtet. Sie sollen hier nur kurz skizziert werden.

## Fünf gängige Wachstumsargumente

Dass Wirtschaftswachstum zur *Wohlstandssteigerung* beiträgt, hat für viele Jahrzehnte gegolten. Doch Ergebnisse der Zufriedenheitsforschung sowie der Ökologischen Ökonomie zeigen, dass seit den 1970er-Jahren BIP-Wachstum und Lebensqualität auseinanderklaffen. Dafür gibt es zwei Gründe: Zum einen führen soziale und ökologische Defensivkosten zwar zu weiteren Steigerungen des BIP – Verkehrsunfälle ›stützen‹ die Autobranche, stressbedingte Krankheitskosten erfordern mehr medizinische Behandlungen und Umweltkatastrophen kurbeln die Wirtschaft durch Wiederaufbaumaßnahmen (bzw. vorbeugend durch Schutzmaßnahmen) an.

Doch all dies trägt unweigerlich nicht zu mehr Lebensqualität bei. Zum zweiten scheinen sich materieller Besitz und Zufriedenheit ab einem bestimmten Wohlstandsniveau zu entkoppeln. Mehr Güter führen dann nicht mehr zu mehr Zufriedenheit, wie wir bereits gesehen haben. Der Wachstumstreiber Konsum geht somit verloren.

Häufig wird die Schaffung von *Arbeitsplätzen* für Wirtschaftswachstum ins Treffen geführt. Doch Wirtschaftswachstum schafft nur mehr bedingt neue Arbeitsplätze, da die Automatisierung zu beträchtlichen Arbeitseinsparungen führt. Arbeitsplätze entstehen vornehmlich, wenn Teile der im High-Tech-Sektor erwirtschafteten Gewinne in den Dienstleistungssektor überführt werden und dort neue Arbeit ermöglichen. Entscheidend ist also die Produktivität. Als wichtigste Zukunftsoption gilt freilich die Verkürzung der Arbeitszeiten, die durch innovative, neue Arbeitszeitmodelle umgesetzt werden können. Das Ziel von Wirtschaften ist ja nicht, dass wir möglichst viel Arbeit haben, sondern dass wir uns das für ein gutes Leben Notwendige erzeugen können (dazu mehr in Kap. VII).

Die Etablierung der staatlichen *Sozialleistungen* war möglich durch das Wirtschaftswachstum der Aufbaujahrzehnte nach dem Zweiten Weltkrieg. Ihre Finanzierung in der Zukunft erfordert aber die Neujustierung der Steuersysteme dahingehend, dass Ressourcenverbrauch, Luxusgüterkonsum sowie Vermögensanhäufung stärker besteuert werden, was neben ökologischen auch soziale Lenkungseffekte hat. Zudem muss eine an Lebensqualität orientierte Sozialpolitik den Schwerpunkt auf Prävention legen: Chancengleichheit und Fairness am Arbeitsmarkt durch mehr Bildung und kürzere Arbeitszeiten für alle sind besser als hohe Arbeitslosenkosten; Anstrengungen für eine gesunde Lebensführung sinnvoller als teure medizinische Behandlungen. Das Optimum wäre ja, möglichst spät, aber möglichst gesund zu sterben!

Dass Argument, dass *Umweltschutz* nur leistbar ist bei Wirtschaftswachstum, mag in der Anfangsphase der Industrialisierung gegolten haben. Sauberere Produktionsanlagen und effizientere Technologien waren das Ziel des klassischen Umweltschutzes – der Katalysator im Auto sowie der Filter im Schornstein des Industriebetriebs oder in der Kläranlage des Müllentsorgers galten als Synonyme für diesen Prozess.

Die zentrale Herausforderung an nachhaltiges Wirtschaften *heute* liegt zumindest in den Wohlstandsländern jedoch – wie wir bereits gesehen haben –, in der drastischen Reduzierung des Stoff- und Energieverbrauchs, nicht in noch besseren Schornsteinfiltern. Dieser Wandel hin zur Ressourcensparökonomie erfordert und ermöglicht die Postwachstumsperspektive.

Am schwersten zu entkräften ist das innerökonomische Argument des *Wachstumsdrangs* im kapitalistischen Wirtschaften, in dem hohe Renditen das primäre Ziel und das Konkurrieren um Größenvorteile das bestimmende Prinzip darstellen. Als Ursachen gelten die hohe Fremdkapitalfinanzierung von Unternehmen, die für ihre Aktionäre und Aktionärinnen saftige Renditen erwirtschaften müssen sowie – was noch gewichtiger ist – das Prinzip des Fressens und Gefressen-Werdens in kapitalistischen Ökonomien. Wer nicht expandiert, läuft Gefahr, von anderen, eben größeren Unternehmen aufgekauft zu werden. Ein Dilemma, dem die Mehrzahl der Unternehmen ausgesetzt ist.

Manche führen auch das Zinssystem als Wachstumsursache an. Über Kredite finanzierte Unternehmen sind angehalten, nicht nur Erträge für die Finanzierung der Betriebsausgaben – Löhne der Mitarbeiterinnen und Mitarbeiter, Investitionskosten – zu erwirtschaften, sondern auch den Zinsendienst. Da zwischen Produktion und Verkauf immer eine gewisse Zeitspanne liegt, müssen Produkte über Kredite sozusagen vorfinanziert werden. Und da der Absatz der produzierten Güter immer mit einem gewissen Risiko behaftet ist, würden Unternehmen zu produzieren aufhören, wenn sich Investieren nicht mehr lohnt, so befürchtet der Ökonom *Hans Christoph Binswanger*. Die Volkswirtschaft würde bei sinkenden Profitraten nicht nur stagnieren, sondern sogar schrumpfen (Angst vor Deflation). Binswanger spricht daher von einer ›Wachstumsspirale‹, auch wenn er davon ausgeht, dass etwa 1-2 Prozent Wachstum der Weltwirtschaft reichen würden, um der Gefahr der Deflation zu entgehen.

## Hinterfragtes Wachstumsparadigma

*Fred Luks* hat in seiner ›Theoriegeschichte des Wachstums‹ gezeigt, dass das Wachstumsparadigma in den Wirtschaftswissenschaften früher keineswegs selbstverständlich war. Ökonomen wie *Adam Smith* oder *Stuart Mill*, später auch *John Maynard Keynes* oder *Ludwig Erhard*, gingen davon aus, dass Volkswirtschaften nicht immer weiter wachsen werden. In ›Die ökonomischen Möglichkeiten unserer Enkelkinder‹ beschrieb Keynes bereits in den 1930er-Jahren ein Zukunftsszenario, in dem die Menschen um die Jahrhundertwende einmal nur mehr drei bis vier Stunden am Tag arbeiten würden.

Und auch in kritischen Wirtschaftslehrbüchern von heute wird zugegeben, dass Wirtschaftswachstum kein unumstößliches Dogma darstellt. Die Wirtschaftsexperten *Pirmin Fessler* und *Stefan Hinsch* meinen in ›Wie funktioniert Wirtschaft?‹, dass das Dogma des Wachstums ebenso zu hinterfragen sei wie jenes, dass Welthandel automatisch auch den Ärmeren helfe. Die Schlussfolgerung der beiden: »Ob möglichst hohes Wirtschaftswachstum per se ein Ziel darstellen sollte, ist unklar. Es sollte wohl immer bedacht werden, wem es nützt und wem nicht, ob es ökologisch vertretbar ist oder nicht.«

Selbst Ökonomen, die in wirtschaftlichen Krisenzeiten für eine Konjunkturbelebung durch den Staat plädieren – die sogenannten ›Neo-Keynesianer‹ wie *Paul Krugman* in den USA oder *Heiner Flassbeck* in Europa – gehen nicht von einem permanenten Wachsen-Müssen der Wirtschaft aus. Flassbeck meint, dass in hochproduktiven Wirtschaften auch ein anderer Weg denkbar sei, nämlich das Weniger-Arbeiten: »Wenn sich Gesellschaften, auf welchem Weg auch immer, zum Beispiel entschließen, weniger arbeiten zu wollen, also den Produktivitätsfortschritt statt in höheren Löhnen in geringeren Arbeitszeiten konsumieren zu wollen, dann ist das ohne Weiteres möglich. Dann wird weniger produziert und weniger nachgefragt.«

Der tschechische Ökonom *Tomás Sedlácek,* bekannt geworden durch den Spiegelbestseller ›Ökonomie von Gut und Böse‹, und der kanadische Mathematiker *David Orell*, der mit dem Titel ›Economyths‹ eine herbe Kritik an den wirtschaftswissenschaftlichen Modellen vorgelegt hat, warnen in dem Interviewband ›Bescheidenheit. Für eine neue Ökonomie‹ vor dem Irrglauben des Wachstumszwangs des Kapitalismus. Dieser funktioniere, so ihre Überzeugung, nur mehr aufgrund eklatanter öffentlicher Verschuldung: »Das mithilfe von Schulden angeschobene Wachstum war eine der Ursachen des jüngsten Zusammenbruchs«, so ihre Diagnose.

Die Krise war nach Ansicht von Sedlácek noch immer nicht hart genug, um sich dieser Tatsache zu stellen. Die klassischen Ökonomen hätten sich für Wachstum wenig interessiert. Ihnen sei es um einen Gleichgewichtszustand

– wenn auch auf höherem Niveau – gegangen. Anders als Keynes gemeint hatte, würden heute Schulden in Phasen der Prosperität jedoch nicht mehr zurückgezahlt, sondern weiter angehäuft. Sein Kollege Orell macht deutlich, dass hinter dem Wachstumsdenken Machtfragen stünden, da in einer expandierenden Wirtschaft eben mehr Profite erzielt werden können.

Die feministischen Ökonominnen *Adelheid Biesecker* und *Uta von Wintersfeld* spüren dem Zusammenhang von Geld, Wachstum und Lebensqualität nach. Sie gehen davon aus, dass Geld und Wachstum nicht *per se* zu gutem Leben führen. Vielmehr sei »umgekehrt die Rückgewinnung von Souveränität gegenüber Geld und Wachstumszwang eine Voraussetzung für ein gutes Leben«.

Mit dem bereits zitierten *Hans Christoph Binswanger* problematisieren die beiden die Eigendynamik des Geldes: »Gepaart mit dem Begehren, immer mehr davon haben zu wollen, sprengt das Geld das ursprüngliche Maß des eigenen Bedarfs und treibt an zur Maßlosigkeit.« Da die Geldökonomie im Kapitalismus auf die Erzielung von immer mehr Profit ausgerichtet sei (»An diesem wollen viele teilhaben – die Kreditgeber, die Manager, die Aktionäre, die Spekulanten«), gehe es darum, sich diesem System zumindest stückweise zu entziehen, was mit einem »Recht auf Suffizienz« verbunden wird. Der Diskurs über ein »gutes Leben« müsse, so die beiden, wieder mit den

Diskursen über Wirtschaft und Politik verknüpft werden, denn Lebensqualität erfordere in der Tat neue Gesellschaftsverträge: »Nicht das gute Leben hängt von Wachstum und Geld ab, sondern es hängt von der gesellschaftlichen Bestimmung des guten Lebens ab, was wachsen oder schrumpfen kann, was mittels Geld geregelt werden kann und was nicht.«

## Auswege aus dem Wachstumszwang

Die Verringerung der Fremdfinanzierung, neue Finanzierungswege wie *Crowd-Funding*, neue Unternehmensformen nach Stiftungs- und Genossenschaftsrecht sowie Formen des kooperativen Wirtschaftens etwa nach dem Konzept der Gemeinwohlökonomie von *Christian Felber* wären mögliche Zukunftsperspektiven. In jedem Fall ist die Fixierung auf hohe Gewinne und Renditen als Wirtschaftsziel zu überwinden.

Letztlich geht es um die Frage, ob eine globale ökosoziale Marktwirtschaft, also ein sozial und ökologisch gezähmter Kapitalismus auf Weltebene umsetzbar sein wird. Oder ob wir ganz neue Ansätze des Wirtschaftens wie Solidarische Ökonomien und Konzepte neuer Subsistenz – sozusagen als ›Inseln des Übergangs‹ – brauchen.

Planwirtschaften, in denen alle gleichermaßen an der Produktion sowie an der Konsumation der Güter teilhaben, können in lokalen Ökonomien durchaus erfolgreich sein. Sie werfen nur die Frage auf, wer über den Bedarf an Gütern bestimmt und ob eine solidarische Beteiligung aller an beidem – der Herstellung sowie dem Nutzen – der Güter gelingt. In den Ländern des ›Realsozialismus‹ war dies, wie wir wissen, nur bedingt der Fall.

Marktwirtschaften haben den Vorteil, dass sich Angebot und Nachfrage eben am Markt bilden. Das Problem liegt jedoch in den ungleichen Bedingungen der Beteiligten. Zum einen haben sich durch die Aufspreizung der globalen Güterketten die Marktbeziehungen anonymisiert – den Marktwirtschaften sind sozusagen die Marktplätze als Orte der Kommunikation abhanden gekommen, die Marktteilnehmer wissen nichts mehr voneinander.

Zum anderen gibt es keine wirkliche Konsumentensouveränität. Wie wir im letzten Kapitel gesehen haben, werden Bedürfnisse durch Werbung erzeugt und manipuliert. Und die großen Konzerne haben bedeutend mehr Möglichkeiten, für ihre Produkte zu werben als die kleineren, weil sie über bedeutend größere Marketingbudgets verfügen. Kapitalistisch organisierte Marktwirtschaften mögen einzelwirtschaftlich effizient sein, *gesamtgesellschaftlich* sind sie es *nicht.*

Der beschriebene Wachstumsdrang führt zu tendenzieller Über- und Fehlproduktion, was mittels Marketing auszugleichen versucht wird. Und er verleitet dazu, immer mehr zu produzieren.

Doch nachhaltiges Wirtschaften wird nur möglich sein mit dem Finden des richtigen Maßes. Hierfür braucht es mehr *Effizienz* (das Gleiche besser machen) und *Konsistenz* (das Gleiche anders machen, etwa durch den Ersatz nicht erneuerbarer Energie durch erneuerbare Energiequellen), aber es braucht auch *Suffizienz* (sich mit dem Ausreichenden begnügen). Unser Dilemma liegt nicht nur darin, dass wir falsch produzieren, sondern auch darin, dass wir viel zu viel produzieren.

Einer der Begründer des Suffizienzansatzes, *Wolfgang Sachs*, hat die Zukunftsperspektive eines anderen guten Lebens früh mit vier ›Es‹ beschrieben:

- als *Entschleunigung* im Sinne eines Langsamer und Zuverlässiger,
- als *Entflechtung* im Sinne eines Näher und Übersichtlicher,
- als *Entrümpelung* im Sinne eines Einfacher und Weniger
- sowie als *Entkommerzialisierung* im Sinne von dem Markt entzogen und selbstgemacht.

Ich schlage als Konsequenz aus dem dargelegten *dreifachen Versagen* des kapitalistischen Wirtschaftens – mangelhafte Verteilung, ökologische Schäden, zunehmender Stress – sowie den *drei benannten Ideologien* der Knappheit, des Wachstums und des Konsums eine *vierdimensionale Zukunftsperspektive* vor.

Demnach brauchen wir:

- eine *Kultur der Inklusion*, die Lebensqualität am Grad des Eingebunden-Seins aller in die Gesellschaft misst und Ausgrenzungstendenzen frühzeitig vorbeugt;
- eine *Kultur der Verortung*, die das permanente Unterwegssein und die Aufspreizung aller Lebensbereiche durch die Fähigkeit zur Präsenz sowie eine Wirtschafts- und Raumordnung der kurzen Wege ablöst;
- eine *Kultur des Genug*, die materielle Begrenzung als Notwendigkeit erkennt und als Chance begreift,
- in der das fragile Wachstumsversprechen ersetzt wird durch eine faire Verteilung des Vorhandenen, also eine *Kultur des globalen Teilens*.

Ein neuer, sozial und ökologisch verträglicher Wohlstand basiert auf der Vielfalt menschlichen Daseins. Um ein gutes Leben für alle zu ermöglichen, schlage ich schließlich ein *erweitertes Wohlstandsmodell* in acht Dimensionen vor.

Davon handeln die folgenden Kapitel.

# Kapitel V
# Güterwohlstand.
# Oder: Die Dinge und wir

Die Navajo-Indianer sind in ihrem Leben noch mit 236 Dingen ausgekommen, für die sie eigene Begriffe schufen. Der Mensch der modernen Konsumgesellschaft bringt es im Laufe seines Lebens auf gut 100.000 Gegenstände, mit denen er sich umgibt, wie *Arne Anderson* in seiner ›Alltags- und Konsumgeschichte vom Wirtschaftswunder bis heute‹ vorrechnet. Möglich geworden ist dieser Güterreichtum durch technische Fortschritte, die die Herstellung von immer mehr Waren in immer kürzerer Zeit ermöglichen. Laut Angaben des Zukunftsforschers *Rolf Kreibich* ist die Produktivität der Wirtschaft im 20. Jahrhundert um über 3000 Prozent gestiegen. Waren 1975 etwa noch 80 Arbeitsstunden nötig, um einen Kühlschrank zu erzeugen, so braucht man heute aufgrund der eingesetzten Maschinen nur mehr eine Arbeitsstunde.

Die industrielle Produktionsweise im High-Tech-Zeitalter erlaubt also den Ausstoß von immer mehr Gütern.

Das Konsumniveau in den Wohlstandsländern hat sich seit den 1950er Jahren vervierfacht. Weltweit rollen jede Woche eine Million Autos von den Fließbändern. Bald wird es eine Milliarde Autos auf dem Planeten geben, was einer Verdoppelung innerhalb der letzten 25 Jahre gleichkommt. Die Zahl der Handys wird heute bereits auf sechs Milliarden geschätzt – bei einer Weltbevölkerung von etwas mehr als sieben Milliarden, wie *Reiner Klingholz* in seiner Studie „Sklaven des Wachstums“ aufzeigt.

Vom Ressourcenverbrauch dieser manischen Produktionsmaschinerie haben wir bereits gesprochen. Und auch von der sozialen Ausbeutung derer, die unsere Waren produzieren, sofern dafür noch Menschen benötigt werden. Doch der moderne Güterwohlstand führt auch zu vermehrtem Stress bei den ›Begüterten‹. Dinge, die angeschafft werden, wollen auch benützt werden. Doch fehlt häufig die Zeit dazu. Sie erfordern Platz für die Aufbewahrung, der häufig nicht zur Verfügung steht.

Und das Entscheidende: Der Besitz von Gütern (allein) macht nicht glücklich. Der Nachhaltigkeitsökonom *Niko Paech* zeigt auf, dass wir gar nicht über genügend Zeit verfügen, um alle Angebote an Waren und Dienstleistungen, etwa Freizeitvergnügungen, nutzen zu können.

Überdies will das Geld für den Erwerb der Güter auch verdient sein. Das erfordert Anstrengung und Zeit, die uns dann fehlt, um das Leben genießen zu können.

Immaterielle Güter gewinnen an Bedeutung (Foto: Holzinger)

Sehr früh haben Kritiker der Konsumgesellschaft wie *Erich Fromm* (›Haben oder Sein‹) oder *Neil Postman* (›Wir amüsieren uns zu Tode‹) davor gewarnt, dass sich die vielen Dinge, mit denen wir uns umgeben, zwischen uns Menschen stellen. Ihre ›Bedienung‹ absorbiert Aufmerksamkeit und Zeit, die dem gemeinschaftlichen Leben entzogen wird. Ein bekanntes Beispiel sind Fernseher oder Unterhaltungs-PCs, die den Benutzern viel Lebenszeit ›rauben‹ (s. a. Kapitel zu *Zeitwohlstand*).

## Ein bewusster Umgang mit den Dingen

Wirklicher Wohlstand erfordert daher einen bewussten Umgang mit Gütern. Auf die Dosis kommt es an. Werkzeuge sind im Grunde Mittel, mit deren Hilfe wir uns die Welt aneignen und die uns das (Über)-Leben erleichtern. Der Ausstoß an Waren in der modernen Industriegesellschaft übersteigt unsere Fähigkeit, diese sinnvoll gebrauchen und in unser Leben integrieren zu können.

Wir erinnern uns: Der Philosoph *Günter Anders* hat davon gesprochen, dass wir bedeutend mehr Güter herstellen können als wir verwenden können. Es seien daher nicht wir, die der Waren bedürfen, sondern umgekehrt: es sind die Waren, die unser bedürfen, da sie konsumiert werden wollen.

Was stellen diese vielen Sachen nun mit uns an? Auch Kinder lernen im Umgang mit Dingen. Doch ein Zuviel davon wirkt schädlich für deren Entwicklung. Zu viel ›bespielte‹ Kinder verlieren die Konzentrationsfähigkeit und Aufmerksamkeit gegenüber der Welt des Lebendigen. Die Frühkindpädagogin *Donata Elschenbroich* berichtet von Versuchen in Kindergärten, in denen für einige Zeit die Spielsachen ›auf Ferien geschickt‹ wurden. Dabei zeigte sich, dass die Kinder bedeutend mehr mit einander und in Bezogenheit aufeinander unternommen haben.

Was bedeutet dies für einen lebensdienlichen Umgang mit den Dingen? Es geht darum, uns mit Gegenständen zu umgeben, die einem ans Herz wachsen, mit denen wir Freund werden können. Dies erfordert eine Beschränkung hinsichtlich Quantität, ein möglichst langes Nutzen der Dinge, eine bewusste Wahl, eine Rückkehr zu Gütern aus der Region, deren Geschichte wir wieder kennen.

Der Zeitforscher *Hartmut Rosa* meint, dass Dinge nur zu ›Bewohnern‹ unseres Selbst werden können, wenn diese von Dauer sind. Das wachsende Tempo des sozialen Wandels bringe jedoch mit sich, dass wir uns von Dingen bereits trennen, bevor diese ›ihren Geist‹ aufgeben, da diese nie repariert werden und immer wieder durch neue ersetzt würden.

Ein bewusster Güterwohlstand macht zufrieden und ist auch nachhaltig, da er den Rohstoffverbrauch drastisch reduziert. Damit soll keiner Konsumaskese das Wort geredet werden, vielmehr geht es um bewussten Konsum:

- Mich interessieren für die soziale und ökologische Geschichte der Produkte, die ich erwerbe: Wer hat dafür unter welchen Bedingungen für mich gearbeitet? Wie viel Natur wurde verbraucht? Der Verein *›SOL – Menschen für Solidarität, Ökologie und Lebensstil‹* hat berechnet, dass wir uns pro Kopf allein durch ungerechte Entlohnung in den südlichen Produktionsländern jährlich durchschnittlich 5.200 Euro ›ersparen‹. Mit der fiktiven Währung ›Futuro‹ werden die sozialen und ökologischen Kosten den heutigen Euro-Preisen hinzuaddiert.

- Mir meine Kaufmotive bewusst machen: Brauche ich das wirklich? Was würde mich am Besitz des Gutes freuen? Habe ich überhaupt die Zeit, dem neuen Gut die gebührende Aufmerksamkeit zu schenken?
- Auf die Gebrauchsdauer und -intensität meiner Güter achten: Wie lange benutze ich Güter? Wann erstehe ich etwas Neues – weil das Alte kaputt, nicht mehr reparierbar, nicht mehr ›in‹ oder am neuesten Stand ist? Zu welchen Gegenständen habe ich eine persönliche Beziehung aufgebaut? Ist es mir wichtig Dinge lange zu haben?

Güterwohlstand würde also neu definiert. Statt immer mehr zu produzieren und zu konsumieren, ginge es darum, uns mit Gegenständen zu umgeben, die wir wirklich brauchen, mit denen wir eben Freund werden können. Das permanente Steigerungsspiel würde abgelöst vom Einpendeln auf einem erreichten Niveau. Ankommen statt noch immer mehr zu wollen, wäre das Ziel.

Die sechs *›R-Regeln‹* können eine Orientierung für einen bewussten Umgang mit Dingen bieten: *›Rethink‹* (Brauchst du das wirklich?), *›Refuse‹* (Weigere dich, alles immer gleich zu kaufen – vieles kann z. B. geliehen werden), *›Reduce‹* (Kaufe Konsumgüter, die wenig Energie und Ressourcen verbrauchen), *›Reuse‹* (Benutze Konsumgüter möglichst lange und gib sie weiter, wenn du sie nicht mehr brauchst), schließlich *›Repair‹* (Repariere

Dinge, solange das möglich ist) und *›Recycle‹* (Ermögliche bei Dingen, die nicht mehr verwendbar sind, die Widerverwertung der enthaltenen Rohstoffe).

## Aufgaben von Politik und Wirtschaft

Doch gefordert sind auch Politik und Wirtschaft. Der Wachstumszwang, der auf ein ›Immer mehr an Waren‹ ausgerichtet ist, kann und muss durchbrochen werden. Eine Wirtschaft, die nicht mehr wächst, bedeutet freilich nicht, dass gar nichts mehr wächst. Wachsen sollen Dinge, die wir wirklich brauchen: Energie- und Mobilitätssysteme, die auch nach ›Peak Oil‹ Bestand haben und dem Klima nicht weiter einheizen, oder lebensdienliche Einrichtungen wie gute Kindergärten, attraktive Schulen und Universitäten, die menschliche Entwicklung fördern.

In ökonomischen Begriffen: Wachsen soll der ›öffentliche Konsum‹, der ›private Konsum‹ könnte durchaus schrumpfen – denn nicht alles, was wir kaufen, ist dem Leben zuträglich. Und Wirtschaftsentwicklung heißt immer auch Strukturwandel – überdimensionierte Banken, Dinosauriertechnologien wie Autos mit Verbrennungsmotoren oder Kraftwerke mit Kohle- oder Atomstrom können durchaus verschwinden. Zudem ist Schrumpfen angesagt: Redimensionierte Fahrzeuge erfüllen ihren Zweck meist besser als überdimensionierte Karossen. Die Zeit der PS-Ritter darf ruhig zu Ende gehen. Dass in Deutschland und Österreich angeblich jeder sechste Arbeitsplatz und jeder neunte Euro direkt oder indirekt mit der Automobilindustrie zusammenhängen, kann kein Grund sein, weiter auf die veraltete Strategie der Automobil-Kultur zu setzen.

Einzudämmen ist auch die permanente Ausweitung immer aggressiverer Werbestrategien, etwa durch höhere Abgaben auf Werbung und eine Beendigung deren steuerlicher Abschreibmöglichkeit. Nötig wird wohl auch sein, mehr Augenmerk auf *Konsumerziehung* zu legen.

Die Zahl der ›Konsumsüchtigen‹ steigt gerade unter Jugendlichen stark an. Aufklärung über die Tricks der Werbung und die Fallen des Statuskonsums sind dabei wichtig, aber zu wenig. Junge Menschen müssen sich in ihrem Tun als wertvoll erfahren, dann verliert das vermeintliche Mithalten-Müssen im Bereich des ›Shoppens‹ an Bedeutung.

»Souverän ist nicht, wer möglichst viel hat, sondern möglichst wenig braucht«, so der Nachhaltigkeitsökonom *Niko Paech.* Sich diese Haltung anzueignen, wird nicht immer leicht sein und geht nicht von heute auf morgen. Doch sie kann eingeübt werden. Dabei helfen kann die Erinnerung daran, dass Wohlstand viel mehr ist als Güterbesitz.

Eine wichtige Rolle spielt die Frage: ›Wohin geht mein Geld?‹ – oder besser formuliert – ›Wofür *gebe* ich mein

Geld?‹ Dabei handelt es sich um eine doppelte Prioritätensetzung: Mit der Bevorzugung ökologisch und sozial ausgerichteter Unternehmen kann zumindest ein Stück weit der Markt beeinflusst werden. Nicht weniger wichtig ist jedoch, welchen Wert ich den einzelnen Konsumbereichen beimesse.

Konsumerhebungen zeigen, dass neben Wohnen mittlerweile die Bereiche Mobilität und Freizeit die größten Anteile am Konsumbudget des Durchschnittshaushaltes ausmachen. Der Bereich Ernährung, für den in den 1950er-Jahren noch etwa die Hälfte der Haushaltsausgaben aufgewendet wurden, rangiert mit knapp 10 Prozent bereits hinter Freizeit.

Dazu mehr im nächsten Kapitel, das dem *Ernährungswohlstand* gewidmet ist.

# Kapitel VI
# Ernährungswohlstand. Oder: Lebensmittel sind Lebens-Mittel

Ernährung hat viel mit unserem Wohlbefinden zu tun und damit sehr viel mit Wohlstand. Ernährung hat aber auch starke ökologische und soziale Bezüge: Anbaumethoden haben Einfluss auf die Bodenfruchtbarkeit, die Art der Tierhaltung Einfluss auf die Gesundheit und das Wohlbefinden der Tiere. Hoher Fleischkonsum ist ressourcenintensiv und führt in der Regel zur ›Besetzung‹ von fruchtbarem Land in Ländern des Südens, z. B. der Anbau von Soja für unsere Schweine in Südamerika.

Ernährungsstile sind wesentlich kulturell geformt und abhängig von den geografisch-klimatischen Bedingungen sowie von den landwirtschaftlichen Produktionsstrukturen, in die Menschen eingebettet sind. Die Ernährungsgewohnheiten in Europa haben sich in den letzten zweihundert Jahren stark geändert. Der Getreidekonsum ist auf unter 30 Prozent, der Konsum von Ballaststoffen auf unter 25 Prozent des Niveaus um 1800 gesunken.

Das heißt, in den Mahlzeiten unserer Vorfahren waren Getreide, Kartoffel und andere pflanzliche Produkte ein viel bedeutenderer Nahrungsbestandteil als in unseren heutigen Menus. Der Anteil von tierischem Eiweiß ist in den letzten 200 Jahren von unter 20 auf über 65 Prozent geklettert. Der Verzehr ballaststoffloser Lebensmittel stieg auf das Fünffache, Alkohol macht etwa fünf Prozent der Gesamtenergiezufuhr aus. Unsere Nahrung ist generell zu fettig, zu salzig und zu süß, so die Befunde der Ernährungsexpertin *Sabine Ferenschild* in einem ›Weltkursbuch‹ über die globalen Auswirkungen eines zukunftsfähigen Deutschlands.

## Zu hoher Fleischkonsum

Laut Angaben des *Deutschen Vegetarierbundes* isst jeder Deutsche im Laufe seines Lebens im Durchschnitt 4 Rinder, 46 Schweine und 945 Hühner, wobei der größere Teil der Fleischmenüs von den Männern verzehrt wird. Veröffentlicht wurden die Zahlen vom Statistischen Bundesamt in Berlin. Betrug der durchschnittliche Pro-Kopf-Fleischverbrauch in Österreich oder Deutschland 1960 erst 40 Kilogramm, so stieg er bis 2012 auf über 60 Kilogramm, also um ein Drittel. Ein Trend, der nun auch die neuen Konsumschichten in den Schwellenländern erfasst.

War hoher Fleischkonsum lange Zeit auf die reichen OECD-Staaten beschränkt, führt die Globalisierung zur

Ausweitung des Fleischverzehrs auch in den Ländern des Südens. Die globale Konsumentenklasse ›zeichnet‹ sich aus durch ein geräteintensives Leben, eine autofixierte Mobilität sowie eine fleischzentrierte Ernährung.

Da die neuen Mittel- und Oberschichten in China oder Indien immer mehr Fleisch verzehren, steigt die Weltnachfrage nach Getreide für Futterzwecke – und mit der Nachfrage steigt sein Preis. Die Zunahme des globalen Fleischkonsums gilt neben der problematischen Entwicklung von Agrosprit als Ursache für die rapide steigenden Weltgetreidepreise, wie ein aktuelles *ZEIT-Dossier* darlegt.

Weltweit werden 70 Prozent der Ackerflächen bereits für Tierfutter verwendet, so der von der Heinrich-Böll-Stiftung und vom BUND Anfang 2014 herausgegebene ›*Fleischatlas*‹. Ein durchschnittliches Schwein verbraucht 380 Kilogramm Futtermittel und zehn Hektoliter Wasser, bis es zur Schlachtung kommt: Die Ausbeute sind 70 Kilogramm Fleisch. Das Getreide, das den Masttieren verfüttert wird, fehlt den Menschen auf ihren Tellern.

Die AutorInnen des ›Fleischatlas‹ prognostizieren die Zunahme des globalen Fleischverbrauchs auf 470 Millionen Tonnen bis zur Jahrhunderthälfte, was eine Steigerung um 150 Millionen Tonnen bedeutet. Die dafür benötigte Sojaproduktion soll sich von heute 260 Millionen Tonnen auf jährlich 515 Millionen verdoppeln.

Nun leben wir in Europa in einer sehr fruchtbaren Klimazone mit üppigen Ackerflächen. Doch der Fleischkonsum ist auch bei uns derart gestiegen, dass eine beträchtliche Menge an Futtermitteln aus Ländern des Südens importiert wird. Müsste das an Österreichs Mastvieh verfütterte Soja, das aus Südamerika eingeführt wird, hier in Österreich erzeugt werden, bräuchten wir ein Fünftel mehr an Ackerfläche, so der Ernährungsexperte *Markus Meister* vom Welthaus Graz. *Thomas Fatheuer*, *Lili Fuhr* und *Barbara Unmüßig* weisen in ihrer ›Kritik der Grünen Ökonomie‹ darauf hin, dass die von Europa für seine intensive Tierproduktion importierten Futtermittel Ackerland der Größe der landwirtschaftlichen Fläche von ganz Deutschland bedürfen. Die von der Europäischen Union importierten Agrarprodukte beanspruchen Ackerflächen in der Größenordnung von 30 Millionen Hektar.

## Steigender Hunger

Steigender Weltfleischkonsum, das vermehrte Setzen auf Agrosprit sowie die Spekulation mit Lebensmitteln, die seit der Finanzkrise 2008 deutlich zugenommen hat – Anleger suchen nach neuen ›sicheren‹ Spekulationsobjekten – nennt der ehemalige UN-Sonderberichterstatter für das Recht auf Nahrung, *Jean Ziegler,* als Hauptursachen für die in den letzten Jahren wieder gestiegene Zahl der Hungernden. Das *Word Food Programme* der Vereinten

Nationen, das bei akuten Hungerkrisen hilft, ist angehalten, die erhöhten Getreidepreise am Weltmarkt zu berappen und kann nur mehr beschränkt helfen.

Hunger ist somit kein Problem knapper Lebensmittel, sondern knapper Kaufkraft. Die Welternährungsorganisation hat vorgerechnet, dass auch neun Milliarden Menschen gut ernährt werden könnten, mit dem was uns der Planet gibt. Doch fehlende Kaufkraft bei den ganz Armen verhindert, dass diese sich die vorhandenen Lebensmittel leisten können. So waren auch die Revolutionen des ›Arabischen Frühlings‹ zunächst Hungerrevolten, weil sich die Menschen aufgrund der gestiegenen Getreidepreise das in dieser Region als Grundnahrungsmittel dienende Fladenbrot nicht mehr leisten konnten.

Der Klimawandel wird die Ernährungslage gerade in den von Hunger betroffenen Gebieten weiter verschärfen. Laut *UN-Klimabericht* sind für manche afrikanische Länder bis 2020 Ertragsrückgänge von 20 bis 50 Prozent zu befürchten. Jene, die den Klimawandel am wenigsten verursachen, sind die Hauptleidtragenden dessen Folgen.

Die zunehmende Wasserknappheit in bereits jetzt sehr trockenen Regionen wird verschärft durch problematische Exportstrukturen. Länder, die nur Agrarprodukte ausführen können um Devisen zu erwirtschaften, vermindern die landwirtschaftlichen Erträge für die eigene Bevölkerung. Da Produkte wie Baumwolle oder Kaffee einen hohen

Wasserverbrauch aufweisen, kommt es auf diesem Weg neben ›Landraub‹ auch zu ›Wasserraub‹. Der vom WWF erstellte ›Wasserfußabdruck‹ der Konsumenten und Konsumentinnen in den Wohlstandsländern besteht ja nicht nur aus dem direkt verbrauchten Wasser, etwa für Getränke oder Duschen, sondern enthält auch den indirekten Verbrauch. So stecken in einem Baumwoll-Shirt etwa 15.000 Liter Wasser und in einer Tasse Kaffee die Menge einer vollen Badewanne. Wassersparen in wasserreichen Regionen würde daher vor allem bedeuten, den Import-Wasserfußabdruck zu verringern (Mehr: *www.wwf.de*).

Die Generalversammlung der Vereinten Nationen hat 2010 eine Resolution verabschiedet, die den Zugang zu sauberem Trinkwasser und Sanitärversorgung als ein Menschenrecht anerkennt, ›das unverzichtbar für den vollen Genuss des Lebens und aller Menschenrechte ist‹. Die Umweltaktivistin *Maude Marlow*, die selbst wesentlich zum Zustande-Kommen der Resolution beigetragen, schildert in ihrem Buch ›Blaue Zukunft‹, dass wir von der Umsetzung leider weit entfernt sind. Auch sie spricht von der Agrarindustrie als zentralem ›Wasservernichter‹.

## Industrielle Lebensmittelverarbeitung

Der starke Anstieg des Fleischkonsums sowie von industriell verarbeiteten Lebensmitteln hängt wesentlich mit den veränderten landwirtschaftlichen Produktionsstrukturen zusammen. Hohe Mechanisierung und der Einsatz von Kunstdünger ließen die Produktivität der Landwirtschaft in Europa emporschnellen. Um 1900 ernährte ein Bauer vier Nichtbauern, heute sind es 20 bis 25.

Zugleich verlor die Landwirtschaft massiv an wirtschaftlicher Bedeutung. War diese bis ins 19. Jahrhundert der wichtigste Sektor der Volkswirtschaft, in dem auch die Mehrheit der Beschäftigten zu finden war, so liegt deren Anteil am Bruttosozialprodukt und an den Beschäftigten in den OECD-Ländern heute unter 5 Prozent.

Der massenhaften Produktion von Panzern und Geländefahrzeugen im Zweiten Weltkrieg folgte nach dem Krieg die massenhafte Produktion von Traktoren, Mähdreschern und anderen landwirtschaftlichen Geräten.

*Constanze Kurz* und *Frank Rieger* beschreiben in ihrer ›Entdeckungsreise zu den Maschinen, die uns ersetzen‹ anschaulich die zunehmende Freisetzung von Arbeitskräften in der Landwirtschaft wie in der Lebensmittelproduktion seit den 1950-Jahren.

Geschildert werden deutsche Landwirtschaftsbetriebe mit 8.000 Kühen und mehr, in denen zum Melken keine Menschen mehr gebraucht werden: die Kühe gehen von selbst in die Melkautomaten, der Melkvorgang wird von mit Sensoren ausgestatteten Robotern erledigt. Das Getreide wird von immer größeren Mähdreschern geerntet und in hoch automatisierten Mühlen zu Mehl vermahlen, welches schließlich in ebenso automatisierten Backfabriken zu Brot verarbeitet wird. Die Berufe des Bauers, Müllers und Bäckers sind High-Tech-Ingenieuren gewichen, die mehr von Elektronik als von Agrikultur verstehen müssen.

Nun wäre es verkehrt, wieder der alten bäuerlichen Arbeit das Wort zu reden – wie hart diese ist, habe ich selbst als Kind erlebt. Zu bedenken ist jedoch, dass die Übermechanisierung der Landwirtschaft und Lebensmittelproduktion ökologisch destruktive Wirkungen zeitigt und die Ernährungskultur stark verändert hat.

Lebensmittel haben ihren regionalen Bezug verloren – die Ausweitung der Versorgungswege in der mittlerweile globalisierten Speisekammer führt zu gigantischen Transportströmen und der Grad der Vorverarbeitung der Lebensmittel nimmt ständig zu.

In dem Projekt ›*So essen sie*‹ wurden Familien aus achtzehn Ländern aller Kontinente mit den von ihnen pro Woche verzehrten Lebensmitteln fotografiert. Die Rationen in den reichen Ländern fallen nicht nur üppiger aus, sondern die Lebensmittel sind fast durchwegs verarbeitet und aufwändig verpackt. Sie haben damit vielfach an Frische und Qualität eingebüßt und sie erzeugen große Mengen an Verpackungsmüll. Doch Lebensmittel werden immer mehr auch selbst zu Müll. Was in Überfülle vorhanden ist, verliert offenbar seinen Wert.

Laut der Ernährungs- und Agrarorganisation der UNO gehen weltweit jährlich 1,3 Milliarden Tonnen Lebensmittel ungenutzt verloren. Gut 100 Kilogramm fallen in den westlichen Konsumländern pro Jahr und Person als *Lebensmittelmüll* an. Verursacher sind die Lebensmittelkonzerne, die aufgrund ihrer großflächigen Vertriebsstrukturen und der überdimensionierten Sortimente hohe Raten an Ausschussware aufweisen; aber auch die Verbraucher und Verbraucherinnen, die offensichtlich aufgrund der immer mehr zunehmenden Großeinkäufe häufig schlichtweg zu viel einkaufen.

Brot im Müll – Schulprojekt (Foto: Holzinger)

Und Lebensmittel haben eben Ablaufdaten, die in den überfüllten Kühlschränken nicht mehr überblickt werden können. Wie wohl Ablaufdaten durchaus streckbar sind, wie Befunde der sogenannten *Mülltaucher* zeigen. Das sind Gruppen, die durch öffentliche Aktionen wie Kochveranstaltungen mit aus Mülltonnen gewonnenen Lebensmitteln auf die Problematik dieser Art der Lebensmittelverschwendung hinweisen.

Dem Dokumentarfilm ›We feed the world‹ von *Erwin Wagenhofer* war zu entnehmen, dass etwa in Wien täglich so viel Brot weggeworfen wird wie in ganz Graz konsumiert wird. Schüler und Schülerinnen der Agrarpädagogischen Hochschule Wien nahmen dieses Faktum zum Anlass für ihre Installation ›Das letzte Abendmahl‹ (*s. Abb. vorige Seite*).

## Zurück zur Ernährungssouveränität

Gemessen am verfügbaren Einkommen wird heute bedeutend weniger für Ernährung ausgegeben als früher. Im Durchschnittshaushalt eines reichen EU-Landes sind es gerade noch an die 10 Prozent des Gesamthaushaltsbudgets, auch wenn es Unterschiede gibt. So ist der Anteil in Frankreich oder Italien verhältnismäßig höher als in den mittel- oder nordeuropäischen Ländern.

Der Trend ist jedoch eindeutig: Wird bei Lebensmitteln offensichtlich sehr genau auf den Preis geachtet –

auch wenn die ›Rechnung‹ häufig ohnedies nicht stimmt: die etwas teureren Bio-Produkte sind nahrhafter und damit auch ausgiebiger –, so versagt nicht selten die Rechenvernunft, wenn es gilt ein neues Auto anzuschaffen oder die nächste Fernreise zu buchen. Haushaltsbudget-Umfragen haben ergeben, dass mittlerweile mehr für Mobilität berappt wird als für Ernährung.

Mit dem steigenden Gesundheitsbewusstsein und aufgrund der an Häufigkeit und Ausmaß zunehmenden Lebensmittelskandale gewinnen Ernährungsfragen heute freilich wieder an Bedeutung.

Wie ernähre ich mich richtig? Wie viel Fleisch ist sinnvoll und gesundheitsverträglich? Welche Gesundheitsvorteile haben Bio-Lebensmittel? Fragen wie diese werden vermehrt gestellt und die Nachfrage nach biologisch erzeugten Lebensmitteln steigt, worauf auch Lebensmittelketten reagiert haben. Bio-Lebensmittel gehören mittlerweile zum Standardsortiment aller Supermarktregale. Auf Ernähungswohlstand zu achten macht jedenfalls doppelt Sinn: Es ist der eigenen Gesundheit zuträglich und es hilft, unsere ökologischen Grundlagen zu erhalten.

Der aktuelle *Österreichische Ernährungsbericht* weist darauf hin, dass aus Gesundheitsgründen der Fleischkonsum (vor allem der Männer) um mindestens ein Drittel reduziert werden müsste.

Wir fassen zusammen: Lebensmittel sind Lebens-Mittel und somit ganz zentrale Güter für unser Wohlbefinden. Doch Lebensmittel sind nicht gleich Lebensmittel. Geschmack, Frische, Art der Zubereitung und Zusammensetzung der wöchentlichen Menüpläne – all das hat Einfluss auf die Qualität unserer Ernährung.

Zu Ernährungswohlstand gehören gute Restaurants und öffentliche Küchen, aber auch die Kunst des Selber-Kochens. Beides vertritt beispielsweise die *Slowfood-Bewegung (www.slowfood.com).* Und natürlich geht es um leistbare Lebensmittel für alle Menschen auf unserem Planeten. Ein neuer Ernährungswohlstand könnte zu einer Aufwertung des Landwirtschaftssektors führen. Die Verabschiedung von der agroindustriellen Produktionsweise würde regionale Wertschöpfung und wieder mehr Arbeitsplätze in der Landwirtschaft schaffen.

Der 2012 erschienene *Weltagrarbericht* hat deutlich gezeigt, dass naturnahe, kleinteilige Bewirtschaftungsformen auch die beste Strategie zur Überwindung des Hungers in den Ländern des Südens darstellt. Ernährungssouveränität hängt dabei zusammen mit dem Recht auf Boden und dem Wissen über naturangepasste Anbaumethoden, die ohne teure Dünge- und Spritzmittel von multinationalen Konzernen das Auslangen finden.

Doch zurück zur Ernährungssouveränität bei uns. Die Renaissance von Bauernmärkten, von Gruppen, die sich für den Erhalt von Artenvielfalt einsetzen wie die *Arche Noah* oder von Initiativen des *Urban Gardening* sind wertvolle Nischen-Ansätze eines neuen Bezugs zu Lebensmitteln. Ziel muss jedoch sein, dass alle Menschen in den Genuss von Lebensmitteln hoher Qualität gelangen. Das *Umweltbundesamt* in Berlin hat berechnet, dass ganz Europa autonom aus vollbiologischer Landwirtschaft ernährt werden könnte – einzige Bedingung: Halbierung des Fleischkonsums.

Ernährungsstile mit mehr Vielfalt an vegetarischen Genüssen sind daher für Europa, noch mehr für die Welt insgesamt, eine Notwendigkeit für eine nachhaltige, zukunftsverträgliche Entwicklung. Das muss keinen generellen Verzicht auf Fleisch bedeuten, auch wenn vegetarische Gerichte immer mehr Esstische beglücken, sondern es geht wie beim Güterkonsum um das Prinzip, dass weniger meist mehr ist. Der Kreativität an Kochkünsten sind dabei keine Grenzen gesetzt.

Was könnte wirklicher Ernährungswohlstand bedeuten? Was gut schmeckt. Was fair und ökologisch produziert ist. Was Körper und Geist gut tut. Was frisch gekocht ist. Und als Zukunftsleitlinie muss wieder gelten, dass wir uns weitgehend von dem ernähren, was in der Region erzeugt wird.

Ernährungssouveränität bedeutet, wieder zu wissen, woher unsere Lebensmittel stammen. Sie bedeutet aber auch kürzere Transportwege und ein Leben in Einklang mit der Natur ohne Menschen in anderen Erdteilen etwas wegzunehmen, was uns nicht zusteht und gehört. Auch wenn Bewegungen wie *Gemeinschaftsgärten* oder *Erzeuger-Verbraucher-Initiativen*, in denen Bauern und Konsumenten kooperieren, derzeit an Bedeutung gewinnen, muss das Ziel weder die Rückkehr zur Selbstversorgung noch zur alleinigen Direktvermarktung sein.

So wichtig und schön es wäre, wenn es zukünftig in möglichst vielen Orten wieder Bauernmärkte geben würde, so ist auch der Lebensmittelhandel als Vermittler zwischen Bauern und Konsumenten in die Pflicht zu nehmen. Wir haben ein Recht auf regionale und biologische Produkte mit möglichst geringem Vorverarbeitungsgrad auch in den Supermarktregalen.

Mit der entsprechenden Nachfrage können wir diesen ›Markt‹ auch beeinflussen. Der Wert von Lebensmitteln muss sich (wieder) aus dem bemessen, was in diesen drinnen ist, und nicht an den Profiten der vorgelagerten Nahrungsmittelindustrie. Die Richtschnur muss lauten: So wenig Vorverarbeitung wie nötig. So bleiben die Lebensmittel ›frisch‹ im ursprünglichen Sinne des Wortes und wir verursachen mit ihrem Konsum einen möglichst geringen ökologischen Fußabdruck.

Der Königsweg bleibt dabei eine naturangepasste beziehungsweise biologische Landwirtschaft, da diese die

Böden schont, auf eine artgerechte Haltung der Tiere achtet, mit geringem Energieaufwand zu betreiben ist – für ein Kilogramm Kunstdünger braucht man zwei Liter Erdöl – und, das kommt erfreulicher Weise dazu, weil Bio-Lebensmittel einfach besser schmecken. Bei einer Halbierung des Fleischkonsums wären Bio-Lebensmittel durchaus für alle leistbar. Eine Zielvorgabe, der auch aus gesundheitlichen Überlegungen viel abzugewinnen ist.

Der Trend unter jungen Menschen zu vegetarischer Kost weist hier ohnedies in die richtige Richtung. Bücher, die sich kritisch mit unserer Fleischkultur auseinandersetzen, boomen ebenso wie vegetarische Kochbücher und Restaurants. Und selbst Fernseh-Starköche wie *Jamie Oliver* setzen ja mittlerweile auf vegetarische Küche.

Freilich: Die EU-Agrarpolitik hat diese Zeichen der Zeit noch nicht erkannt; sie setzt immer noch auf Massenproduktion – zu groß ist offenbar noch die Agrarindustrie-Lobby. Doch auch das kann sich ändern, wenn engagierte Bürgerinnen und Bürger dies einfordern.

Zu *Ernährungskultur* gehört auch *Kochkultur,* wie ausgeführt wurde. Diese erfordert freilich Zeit. Dazu kommen wir im nächsten Kapitel.

# Kapitel VII: Zeitwohlstand. Vom Zeithaben und Zeitnehmen

Wir haben gesehen, dass die Frage, wofür wir unser Geld geben, wichtig ist für unseren Wohlstand und dass wir mit unseren Prioritätensetzungen auch einen gewissen Einfluss auf eine nachhaltige(re) Wirtschaft nehmen können. Nicht weniger bedeutend ist die Frage, wohin unsere Zeit geht beziehungsweise wofür wir unsere Zeit geben (müssen). Neben Geld gilt Zeit als zweite wichtige Lebenswährung. Im Unterschied zu Geld kann jedoch Zeit nicht beliebig vermehrt werden. Der Tag hat in seiner konservativen Art – trotz aller Beschleunigungsimperative – immer noch nur 24 Stunden. Und zwar für Arme ebenso wie für Reiche.

Daher gilt als oberste ›Regel‹ im permanenten Optimierungswahn, die vorhandene Zeit immer besser zu ›nutzen‹. Die Beschleunigung hat in diesem Umstand einen ihrer wesentlichen Antriebe. Das gilt für das Wirtschaftsleben ebenso wie für das Privatleben. Der Spruch ›Zeit ist Geld‹ macht deutlich, dass im von Konkurrenz getriebenen Wirtschaften immer im Vorteil ist, wer in einer begrenzten Menge an Zeit mehr an Output beziehungsweise Gewinn lukriert. Während Maschinenzeit sich in dem für die Anschaffung der Maschinen benötigten Kapital und der optimalen Ausnutzung der Maschinen bemisst – idealiter laufen daher Maschinen rund um die Uhr –, wird Arbeitsproduktivität in der pro Zeiteinheit erwirtschafteten Leistung bemessen. Dass freilich zwischen Zeitaufwand und abgegoltener Leistung (in Form von Lohn oder Einkommen) beträchtliche Unterschiede bestehen, werden wir im Kapitel zum *Tätigkeitswohlstand* noch ausführen. Hier soll der Hinweis genügen, dass natürlich ›Geld auch Zeit‹ bedeutet. Wer über mehr Geld verfügt, kann sich tendenziell freie Zeit kaufen.

Das Nachdenken über Zeitwohlstand darf daher nicht auf der persönlichen Ebene, etwa einem besseren Zeitmanagement, verharren, sondern muss auch die gesellschaftlichen Rahmenbedingungen in den Blick nehmen. Zeitwohlstand bezieht sich auf den eigenen Umgang mit Zeit *und* auf Zeitpolitik.

## Zeitknappheit und Beschleunigung

So chic es geworden ist, einen vollen Terminkalender aufzuweisen (selbst Kinder werden heute in die Zwangsmühle der alltäglichen ›Verpflichtungen‹ geschickt), so üblich ist es, über Stress und Zeitnot zu klagen. Daraus folgt nicht nur die Zunahme körperlicher und psychischer Beschwerden, sondern auch – wie *Marianne Gronemeyer* meint – eine Unfähigkeit zur ›Präsenz‹, also zum Gegenwärtig-Sein. Getrieben von der Angst, dass das Leben gerade immer dort sprudelt, wo man selbst nicht ist, breitet sich das Gefühl aus: ›Immer auf der falschen Party!‹ Das Ansinnen, unser Leben mit immer mehr Verrichtungen und Aktivitäten vollzustopfen, deutet Gronemeyer als Verdrängung des Todes in der modernen Konsumgesellschaft. Das Leben werde so zur ›letzten Gelegenheit‹.

Diese Ansicht mag man teilen oder nicht, unbestritten ist jedoch der Einzug einer ungeheuren Rastlosigkeit, die unser Leben erfasst hat. Wer Zeit hat, macht sich verdächtig, da er oder sie offensichtlich zu wenig zu tun hat. Und die permanente Beschleunigung führt in Verbrüderung mit dem Innovationstempo so zur Schrumpfung der Gegenwart.

Der Zeitforscher *Karlheinz Geißler* schreibt über die Paradoxie der modernen ›Nonstop-Gesellschaft‹ treffend: »Je mehr Freiheit wir haben, über die Ordnung der Zeit selbst zu entscheiden, umso weniger Zeit haben wir.« Das moderne Berufsleben führt zu vermehrten Stress in den Familien. Die neuen Knappheiten lauten Zeit und Aufmerksamkeit. Eine Karikatur bringt es auf den Punkt: ›Erzähl mal, was du dir von Papa am sehnlichsten wünscht!‹ fordert die Mutter den Sohn auf. Dieser sagt

›Zeit!‹. Darauf der Vater: ›Aber klar bekommst du eine Uhr!‹ Ein klassisches Missverständnis unserer Konsumgesellschaft. Der Beschleunigungswahn treibt mittlerweile sehr absurde Blüten. So soll es nach einem Bericht des Zeitforschers *Hartmut Rosa* in den USA bereits ›Drive in-Funerals‹ geben, also Begräbnisse im Schnellverfahren, bei denen die Trauergäste mit den Autos zur Grabstätte zufahren und diese für die Verabschiedungszeremonie gar nicht mehr verlassen müssen.

## Von Geld- und Zeitbudgets

Bücher und Seminare über Entschleunigung, das Finden des rechten Zeitmaßes oder auch des idealen Zeitmanagements boomen. Nun ist aber Langsamkeit per se noch kein positiver Wert – Phasen intensiver Aktivität können durchaus attraktiv sein. Es geht vielmehr um das Finden der richtigen Balance zwischen all jenen Lebensbereichen, die einem wichtig sind. Es stellen sich Fragen wie: Wofür gebe ich wie viel meiner Zeit? Bin ich mit meinen Zeitbudgets zufrieden? Wofür würde ich gerne mehr Zeit geben? Habe ich Zeit für mich selbst, Zeit zum Nichtstun? Halte ich es aus, wenn einmal ›nichts los‹ ist? Wäre das Motto ›Mehr Zeit statt noch mehr Geld‹ für mich zutreffend?

Mein Kollege *Dan Jakubowicz* hat analog dem Konzept von ›Nega-Watt‹ – also jener Energie, die erst gar nicht verbraucht wird und damit die ökologischste ist – den Begriff ›Nega-Schilling‹ geprägt (sein immer noch lesenswertes Buch ›Genuss und Nachhaltigkeit‹ ist bereits vor der Einführung des Euro erschienen). Damit meint der Ökologe jenes Geld, das wir durch Konsumreduktion nicht ausgeben und damit auch nicht verdienen müssen, was uns von Erwerbsarbeit freie Zeit verschafft.

Wichtig ist wohl auch sich bewusst zu machen, ob es in dem eigenen Leben ›Zeitdiebe‹ gibt. Eine aktuelle Zeitbudget-Erhebung für Österreich hat ergeben, dass erwerbstätige Männer an einem durchschnittlichen Wochenarbeitstag neun Stunden mit Erwerbsarbeit und eineinhalb Stunden mit Verrichtungen zuhause verbringen. Frauen kommen auf sieben Stunden Erwerbsarbeit und gut drei Stunden Hausarbeit.

Von den für Freizeit verbleibenden zweieinhalb Stunden werden an einem Wochentag allein zwei Stunden mit Fernsehen zugebracht. Die Hälfte der Befragten sieht in der Abendzeit fern. Nun mag dies als Zerstreuung vom anstrengenden Arbeitstag gesehen werden, doch erstaunt dieser hohe Anteil des Fernsehkonsums. Die Frage, ob die Unterhaltungsmedien – abseits der Qualität der gebotenen Inhalte – nicht zu modernen Zeitdieben geworden sind, ist berechtigt. Die Zeit für soziale Kontakte liegt deutlich darunter. Rechnet man den rapide steigenden Anteil an Zeit, der auch im Privatbereich im Internet, mit I-Pad oder

Handy zugebracht wird, dazu, dann wird die Sozialzeit also wohl weiter schrumpfen. Gesprächen mit dem Partner, am Familientisch oder mit Freunden wird durch die technischen Artefakte immer mehr der Rang abgelaufen.

In Deutschland verbringen laut *Statistischem Bundesamt* MediennutzerInnen durchschnittlich 222 Minuten pro Tag vor dem Fernseher. Für das Internet werden 115 Minuten, für Lesen 36 Minuten verwendet. Und laut der Studie *›Österreich 2025‹* nehmen sich österreichische Familien durchschnittlich nur mehr 16 Minuten am Tag Zeit für Gespräche miteinander. Ein alarmierender Befund.

In meinen Seminaren über Wohlstand lasse ich die Gruppenmitglieder Zeitbudgets einer Durchschnittswoche rekonstruieren. Dabei werden zum einen die durchaus unterschiedlichen Zeitprofile der Teilnehmenden deutlich, die von den Lebensumständen und Lebensgewohnheiten abhängen: Arbeite ich Voll- oder Teilzeit? Habe ich Kinder oder nicht? Betreue ich Angehörige? Habe ich Hobbies? Und es werden ›Zeitdiebe‹ sichtbar – das kann das Fernsehen sein, aber auch der tägliche Weg in die Arbeit, der ja vom Arbeitgeber nicht abgegolten wird.

Zeitwohlstand meint freilich mehr als individuelles Zeitmanagement. Es geht auch, wie bereits angedeutet wurde, um Strukturen, die *allen* Menschen Zeitwohlstand ermöglichen. Wie sehen die Zeitbudgets von Männern und Frauen aus (Stichwort: Doppelbelastung von Frauen durch Erwerbsarbeit und Haushalt)? Wie lange muss jemand arbeiten um eine bestimmte Menge Geld zu verdienen (Stichwort: Einkommensgerechtigkeit)?

Sind die Zeitstrukturen den individuellen Bedürfnissen der Menschen angepasst oder folgen sie allein ökonomischen ›Erfordernissen‹ der Unternehmen (Stichwort: Flexibilität)? Ermöglichen Arbeitsplätze Zeitkreativität oder sind die Tätigkeiten zur Gänze den Maschinenzeiten unterworfen (Stichwort: Monotonie)?

Schließlich geht es um die Frage, welche Auswirkungen die Aufhebung kollektiver Zeitrhythmen und die Simultanisierung aller Tätigkeitsbereiche der Non-Stop-Gesellschaft auf das Zusammenleben der Menschen haben(Stichwort: Ineinanderfließen von Arbeitszeit und Freizeit)?

Zeitwohlstand wird so zu einem eminent politischen Thema, das Verteilungsfragen ins Zentrum rückt und eben ›Zeitpolitik‹ erfordert.

## Von der Freizeit- zur Dreizeitgesellschaft

›Zeithaben‹ und ›Zeitnehmen‹ stehen in Wechselwirkung: Zum einen liegt es in meiner freien Entscheidung, wofür ich meine Zeit gebe; zum anderen sind wir alle abhängig von vorgegebenen Zeitstrukturen. Beruf, Familie, Haushalt – all das verlangt ›seine‹ Zeit. Aus Nachhaltigkeitssicht, die eine drastische Verringerung des Ressourcenverbrauchs erfordern wird, aber auch mit Blick auf ein ganzheitliches Verständnis von Lebensqualität, plädiere ich mit dem Soziologen *Jürgen Rinderspacher* für die Abkehr von der gegenwärtigen ›Freizeitgesellschaft‹, die das Leben auf die Pole Erwerbsarbeit und Freizeit reduziert. Wobei Freizeit wesentlich als Konsumzeit verstanden wird, was viel zu kurz greift. Der Mensch ist per se kein *homo consumens*, sondern vielmehr ein *homo communis*, also ein auf Gemeinschaft ausgerichtetes Wesen.

Das Bild von der ›Dreizeitgesellschaft‹ nach Rinderspacher entspricht viel mehr den Erfordernissen und Qualitäten des Lebens: Es umfasst zu je einem Drittel Erwerbsarbeit, Eigenarbeit sowie schließlich Muße, in die Freizeitangebote eingehen können, diese jedoch nie erschöpfend auszufüllen vermögen. Denn Muße meint vielmehr die Fähigkeit des Abstandnehmens vom hektischen Treiben, die Einübung in Kontemplation und In-Sich-Ruhen. Die gegenwärtige Freizeitindustrie schrumpft merklich, wenn wir mehr bei ›uns selber‹ sind und weniger den inszenierten Events nachlaufen.

Wenn frei verfügbare Zeit wächst, dann kann im Gegenzug die geldvermittelte Wirtschaft schrumpfen, ohne dass es zu Lebensqualitätseinbußen kommt. Im Gegenteil, die Lebenszufriedenheit könnte steigen, während das Bruttoinlandsprodukt sinkt! Zeit für Muße oder – wie es

*Marianne Gronemeyer* ausdrückt – die ›Kunst des Unterlassens‹ sind daher wichtige Weggefährten in eine Postwachstumswirtschaft.

Was könnte Zeitwohlstand also ausmachen? Was nicht über- und nicht unterfordert. Was dem uns Wichtigen ausreichend Zeit gibt. Was Ungeplantes und Müßiggang zulässt. Was allen Menschen das Recht auf Eigenzeit gibt. Daran zu arbeiten lohnt sich allemal.

Es erfordert Maßnahmen durch Wirtschaft und Politik. Es kann aber auch jeder und jede selbst beginnen, seinen Zeitwohlstand zu finden, wie *Florian Opitz* in seinem Film ›Speed‹ auf selbstironische Weise zeigt. Der Regisseur macht sich, unzufrieden mit seinem gestressten Leben, auf die Suche nach einem anderen Umgang mit der Zeit. Er beginnt bei einem teuren Zeitmanagement-Seminar, was ihm aber nicht hilft; er besucht Aussteiger und solche, die gar nie eingestiegen sind in das hektische Leben; er interviewt Zeitforscher, die durchaus Kluges zu berichten wissen. Am Ende erkennt der Suchende aber, dass es an ihm liegt, die seinen Bedürfnissen entsprechenden Schritte zu mehr Zeitwohlstand zu setzen.

›Frei ist der Mensch in Proportion zu den Dingen, die sein zu lassen er sich leisten kann‹, meinte der Philosoph *Henry David Thoreau* bereits im 19. Jahrhundert. Eine Maxime, die zu beherzigen in der gegenwärtigen Gesellschaft der Hyperaktivität wohl viel Sinn macht.

Es wurde bereits angedeutet: Wir wenden uns nun jener Dimension von Wohlstand zu, die viel mit Zeit zu tun hat, dem *Tätigkeitswohlstand.*

# Kapitel VIII: Tätigkeitswohlstand Oder: Plädoyer für die Vielfalt der Arbeiten

Laut Studien zur ›Stone Age-Economy‹ verbrachten Menschen in der Steinzeit täglich etwa nur zwei Stunden mit Arbeit, den Rest des Tages konnten sie sich der Geselligkeit und dem Nichtstun hingeben. Noch in der Antike war körperliche Arbeit verpönt, die freilich von Sklaven verrichtet werden musste. Erst mit dem sich ausbreitenden Christentum kam es zur Aufwertung von körperlicher Arbeit – Josef, der Vater von Jesus war ein Handwerker.

In der katholischen Kirche wurde Arbeit neben das Gebet gestellt – ›Ora et labora‹ lautete etwa das Gebot der Benediktinermönche, die sich im Mittelalter um die Kultivierung von Land Verdienste erworben haben. Mit dem protestantischen Arbeitsethos wurde Arbeit endgültig zum für alle erstrebenswerten Ziel. In Absetzung von der untätigen, von Abgaben der Bauern lebenden Adelsschicht der Feudalgesellschaft emanzipierte sich das Bürgertum durch eigene Arbeit und gewann erstmals auch politische Macht.

Der produktive Einsatz von Kapital in Form von Maschinen und Fabrikhallen markiert – so *Ulrike Herrmann* in ihrer historischen Analyse ›Der Sieg des Kapitals‹ – auch den Beginn des modernen Kapitalismus, in dessen Zuge die Landarbeiter in die Städte zogen, um als neues Industrieproletariat Arbeit zu finden. Es waren politische Kämpfe und soziale Bewegungen, die in der Folge den Arbeitern und Arbeiterinnen mehr Rechte brachten – vom Verbot der Kinderarbeit über den Zehn-Stundentag bis hin zu Kranken- und Arbeitslosenversicherungen. Nicht zu vergessen: das Versammlungs- und Streikrecht.[1]

Die Bewegung für einen Sozialismus sowie für einen sozial reformierten Kapitalismus hatten jedoch eines gemeinsam: das Hohe Lied auf die Produktivkraft der Werktätigen. So kam es nicht von ungefähr, das ausgerechnet der Schwiegersohn von Karl Marx, *Paul Lafargue*, die erste Schmähschrift gegen diesen Arbeitseifer verfasste. 1883 erschien sein Buch ›Das Recht auf Faulheit‹.

---

[1] Errungenschaften, die in den Ländern nachholender Industrialisierung heute Stück für Stück erst erkämpft werden müssen und wohl auch bei uns immer wieder gefährdet sind. Die Zunahme der prekären Arbeitsverhältnisse verweist darauf ebenso wie die sich erneut ausbreitende Schwarzarbeit – immer wieder werden beispielsweise Fälle von Arbeitsmigranten aus Osteuropa, die zu Hungerlöhnen bei Bauunternehmen schuften, bekannt.

Das Arbeitsethos ist bis heute ungebrochen. Arbeitsbereitschaft und Arbeitsfähigkeit – die sogenannte ›Employability‹ – gelten auch im modernen Wohlfahrtsstaat, der ja zugleich ein Wettbewerbsstaat ist, als unhinterfragte Leitwerte. Auch Programme zum ›Life Long Learning‹ oder die Wachstumsstrategie der Europäischen Union, die diese zur wettbewerbsfähigsten Region der Erde machen will, zeugen davon.

Wir verbringen, wie der Freizeitexperte *Reinhold Popp* betont, bezogen auf den gesamten Lebenslauf heute zwar nur mehr zehn Prozent unserer Lebenszeit im Beruf. Doch in jener Lebensphase, in der Erwerbsarbeit und Familiengründung zusammenfallen, wird die Zeit knapp. Es bleibt für immer mehr Menschen wenig oder keine Zeit für freiwilliges Engagement oder Muße. Und: Die zehn Prozent Berufszeit bedeuten ja nicht, dass wir nun 90 Prozent Freizeit hätten. Einen wesentlichen Anteil unserer Zeit nehmen die Versorgungsarbeiten in Anspruch, ohne die die Gesellschaft und die Wirtschaft nicht überlebensfähig wären. Die Suche nach neuen Arbeitszeitmodellen, die alle Lebenssphären für Männer und Frauen gut vereinen lassen, sind daher ein Gebot der Stunde. Wir haben bereits davon gesprochen.

›Glaubst du es gibt ein Leben nach der Arbeit?‹ So die Frage eines zusammengekauerten Mannes an das neben ihm am Fluss sitzende Glückschweinchen in einer vielsagenden Karikatur. Die Vertröstung auf das Leben jenseits der Arbeit – im Urlaub oder gar in der Pension – ist eine gefährliche Falle. Wir leben jetzt und die Erwerbsarbeit ist ein wichtiger Teil unseres Lebens. Wir haben daher das Recht auf ein gutes Leben *in* der Erwerbsarbeit und *außerhalb* dieser.

Der französische Soziologe *Andre Gorz* hat bereits in den 1980er-Jahren davon gesprochen, dass wir aufgrund der mikroelektronischen Revolution in Zukunft viel mehr Zeit für jene Tätigkeiten haben würden, die uns wirklich erfüllen. In seinem Buch *›Wege ins Paradies‹* beschreibt der Autor Zukunftsperspektiven, in denen die Lebenserwerbsarbeitszeit auf die Hälfte reduziert ist.

Wann werden wir dort ankommen? Eine durchaus berechtigte Frage angesichts der gegenteiligen Trends der zunehmenden Arbeitsverdichtung, eine wichtige Frage aber auch in Bezug auf ein gutes Leben für alle.

## Integrationsfaktor Erwerbsarbeit

Dass alle Bürger und Bürgerinnen für sich und ihre Lieben selber sorgen können und – durch Steuern – auch zum Gemeinwohl beitragen, macht durchaus Sinn und gehört zur Würde des Menschen. In einer Gesellschaft, in der vornehmlich Erwerbsarbeit die materielle Absicherung garantiert und auch die zentrale identitätsstiftende Institution darstellt, ist Arbeitslosigkeit daher nicht nur ein finanzielles Problem (verringertes Einkommen), sondern auch ein soziales (verringerte Anerkennung).

Arbeitslose fühlen sich häufig sozial ausgeschlossen und gesellschaftlich abgewertet. Arbeitslosigkeit ist somit keiner Gesellschaft zuträglich, vor allem in der Form von Dauerarbeitslosigkeit, in der Menschen über längere Zeit oder überhaupt von Erwerbsarbeit ausgeschlossen werden. Vollbeschäftigung soll demnach auch aus sozialhygienischen Gründen weiterhin als erstrebenswertes Ziel gelten, auch wenn die Vollbeschäftigung der Zukunft durchaus mit weniger Erwerbsarbeit zusammengehen könnte.

Problematisch ist daher, wenn unser gesamtes Denken dem Primat des Schaffens von Arbeitsplätzen unabhängig von deren Qualität untergeordnet wird. Denn Arbeit im Sinne von Tätig-Sein ist mehr als ein Job zum Geldverdienen. Immerhin verbringen wir als Erwachsene in der Regel etwa die Hälfte unserer Wachzeit am Arbeitsplatz. Das Motto: ›Hauptsache Arbeit, egal welche!‹ greift zu kurz.

*Marianne Gronemeyer* beschreibt den Zusammenhang von Tätig-Sein und Sinn wie folgt: »Der tätige Mensch erschafft den Gegenstand nicht nur, sondern verleiht ihm im Schaffensakt auch Sinn und Bedeutung, im Gegenzug erfährt er seinen Nutzen. Und wie jemand, der mit Überflüssigem beschäftigt ist, überflüssig wird, so wird jemand, der Brauchbares hervorbringt, selbst gebraucht, und wer Sinnvolles tut, dem wächst Sinn und Bedeutung zu.«

Nun gibt es eine Sichtweise, die meint, dass man, sofern man motiviert ist, in jeder Arbeit (s)einen Sinn finden kann. Die persönliche Einstellung zur Arbeit ist sicher wichtig, doch sie allein entscheidet nicht über die Arbeitszufriedenheit. Es geht wesentlich sehr wohl um die Arbeitsbedingungen.

## Arbeit mit fairer Entlohnung

Als ›Gute Arbeit‹ wird jene Arbeit bezeichnet, von deren Einkommen man gut leben kann und deren Entlohnung als gerecht empfunden wird. Zu ›Guter Arbeit‹ gehört aber auch, dass diese abwechslungsreiche Tätigkeiten bietet, die weder unter- noch überfordern und deren Inhalte und Ergebnisse als sinnvoll erfahren werden.

Es geht also zunächst um eine faire Einkommensverteilung. Wenn Spitzenmanager (einige davon werden auch Frauen sein) das 3-500-fache eines normalen Angestellten verdienen, dann kann dies weder leistungsgerecht noch fair sein. Laut Berechnungen müsste beispielsweise eine Krankenschwester mit einem durchschnittlichen Gehalt über 400 Jahre arbeiten, um das Jahressalär eines Vorstands der Deutschen Bank zu verdienen. Das wirkt in der Tat demotivierend – für die Krankenschwester. Bei meinen Vorträgen oder Vorlesungen erfrage ich des Öfteren die als fair empfundene Einkommensspreizung. Mehrheitlich wird ein Verhältnis von 1 zu 5, 1 zu 10 oder manches Mal 1 zu 20 genannt; nie jedoch ein Verhältnis von 1 zu 100 oder mehr.

Was jemand verdient, hängt somit keineswegs nur davon ab, was jemand leistet, sondern auch davon, welcher *Wert* welcher Arbeit beigemessen wird. So sind Dienstleistungs- und Sozialberufe mit einem hohen Frauenanteil in der Regel geringer bezahlt als technische Berufe mit einem hohen Männeranteil. Man spricht sogar von einem neuen Dienstleistungsproletariat, das vom Paketzusteller mit wenig Arbeitsrechten bis hin zur Kassierin im Discountmarkt reicht.

Ein paar Zahlen: In Österreich entfallen auf die 20 Prozent der Beschäftigten mit den höchsten Einkommen über 50 Prozent der Einkommenssumme. In Deutschland beziehen die obersten zehn Prozent fast ein Drittel der Bruttolöhne, »während sich das einkommensschwächste Zehntel 0,5 Prozent des Gesamteinkommens teilen muss«, so warnen die Armutsforscher *Michaela Moser* und *Martin Schenk.* Bei den Vermögen ist die Situation noch krasser: dem reichsten Zehntel der ÖsterreicherInnen bleiben 54 Prozent, den reichsten zehn Prozent der Deutschen sogar 61 Prozent des gesamten privaten Geldvermögens. Leistungsgerecht kann dies nicht sein.

Eine andere Zahl: Das reichste Prozent der ÖsterreicherInnen besaß 2012 469 Milliarden Euro, fast doppelt so viel wie der Staat verschuldet ist. Die Vermögen sind trotz Finanzkrise seit 2008 weiter stark angestiegen.

Hamburg: Schulden- und Vermögensstand-Uhr (Foto: Holzinger)

Hamburg ist bekanntlich die Stadt mit den meisten Millionären in Deutschland. Dem Schuldenstand der Stadt von 23 Milliarden Euro im Jahr 2012 stand ein Vermögen der zehn reichsten Hamburger von 37 Milliarden Euro gegenüber, wie einem GEO-Magazin über die Hansestadt zu entnehmen ist. An der Universität von Hamburg steht daher nicht nur eine Uhr, die den laufenden Schuldenstand der Stadt anzeigt, sondern auch den Vermögensstand ihrer reichsten Bewohner und Bewohnerinnen. Beide Größen nehmen laufend zu: Die Schulden der Stadt um 19 Euro pro Sekunde, die Vermögen der zehn reichsten Hamburger um 299 Euro pro Sekunde.

Eine zu hohe Vermögenskonzentration bei Wenigen ist nicht nur unfair, sie destabilisiert auch das Wirtschaftssystem. Der Ökonom *Raimund Dietz*, der sowohl den Zusammenbruch der Sowjetunion als auch die Finanzkrise von 2008 vorhergesagt hat, prognostiziert weitere Krisen, falls es nicht zu einem Abgleich zwischen privaten Vermögen und öffentlichen Schulden kommt.

Die empirische Gleichheitsforschung besagt, dass Gesellschaften mit geringeren Vermögens- und Einkommensspreizungen in allen sozialen Bereichen wie Bildung, Gesundheit oder Rechtsbewusstsein besser abschneiden. Die 2012 erschienene Studie ›Gleichheit ist Glück‹ der britischen Sozialforscher *Kate Picket* und *Richard Wilkinson* wurde mittlerweile weltweit rezipiert.

Und 2014 hat der französische Ökonom *Thomas Piketty* in seinem Bestseller ›Das Kapital im 21. Jahrhundert‹ eindrucksvoll dargelegt, wie Vermögen und Einkommen immer mehr auseinanderdriften und was dies für Gesellschaften bedeutet. Was hat dies nun mit Tätigkeitswohlstand zu tun, könnten Sie fragen.

## Burnout und Arbeitserschöpfung

Wenn der erwirtschaftete Reichtum das gemeinsame Werk aller Arbeitenden ist, dann wirken zu große Vermögensunterschiede demotivierend. ›Gute Arbeit‹ erfordert daher eine faire Verteilung des Erwirtschafteten. Ebenso wichtig sind Arbeitszeiten, die eine Balance mit den anderen Lebensbereichen wie Familie oder Erholung ermöglichen, was ebenfalls über eine faire Verteilung des Wirtschaftsprodukts finanzierbar wäre. Dem ist leider nicht immer so, wie wir im Kapitel zu *Zeitwohlstand* bereits gesehen haben.

Der Neurobiologe *Joachim Bauer* zeigt in seinem Buch über ›Arbeit. Warum unser Glück von ihr abhängt und wie sie uns krank macht‹ auf, dass Burnout alles andere als eine Modeerscheinung ist, sondern dass sich immer mehr Arbeitende in der Tat ausgebrannt fühlen. Gründe liegen im permanent steigenden Termindruck, in der Zunahme der Tätigkeiten, die parallel verrichtet werden müssen – dem sogenannten ›Multitasking‹ –, nicht zuletzt auch in fehlender Anerkennung und Kommunikationskultur in den Betrieben. Die Psychologin *Rotraut Perner* kommt zu ähnlichen Befunden, wenn sie von der ›gestressten Seele‹ spricht.

Persönliche Dispositionen spielen in Bezug auf die Anfälligkeit für Burnout eine Rolle – manche können mit Belastungssituationen besser umgehen als andere, wahrscheinlich auch sich besser abgrenzen als andere, wenn es darum geht, neue Aufträge zu übernehmen. Doch es geht darum, die Arbeitsbedingungen in einer Weise zu gestalten, dass Überforderung für alle hintangehalten wird. Denn psychische Erkrankungen, die laut Weltgesundheitsorganisation mittlerweile hinter Herzkreislauferkrankungen und Störungen des Bewegungsapparates an dritter Stelle in der Häufigkeitsskala der Erkrankungen rangieren, sind nicht so leicht zu beheben als etwa eine Grippe oder eine Magenverstimmung.

Groß sind daher auch die volkswirtschaftlichen Kosten von Burnout, die zum menschlichen Leid der Betroffenen dazukommen. Allein in Österreich gab es laut *Pensionsversicherungsanstalt* 2012 3,4 Millionen Krankenstandstage aufgrund psychischer Erkrankungen; 1999 waren es ›erst‹ 1,4 Millionen, so die Gesundheitsexpertin *Susanne Kummer*. Die deutsche *Psychotherapeutenkammer* rechnet in einer Studie vor, dass die Anzahl der Krankschreibungen in der Bundesrepublik von 2004 bis 2012 um 700 Prozent und die Anzahl der durch Burnout verursachten betrieblichen Fehltage um ca. 1400 Prozent gestiegen sind. Eine Umfrage des *Deutschen Gewerkschaftsbundes* aus dem Jahr 2011 hat ergeben, dass sich 52 Prozent der Befragten oft in ihrer Arbeit gehetzt fühlen. 63 Prozent gaben an, dass sie seit Jahren immer mehr in der gleichen Zeit leisten müssen.

Der Anteil der Einwohner in den EU-Staaten, die im Laufe eines Jahres an mindestens einer psychischen Störung erkranken, liegt bei 38 Prozent, so *Friederike Habermann* in dem Band ›Zeitwohlstand‹ des *Konzeptwerk Neue Ökonomie*. Und die Studie ›Sick on the Job‹ aus dem Jahr 2012 hat ergeben, dass OECD-weit etwa jedeR Fünfte im arbeitsfähigen Alter unter klinisch relevanten psychischen Erkrankungen leidet.

Laut ›*Stressreport Deutschland 2012*‹ finden 12 Prozent aller Berufstätigen in Deutschland ihre Arbeit psychisch belastend. 29 Prozent aller Beschäftigten sagen aus, dass sie auch außerhalb der Dienstzeiten für den Arbeitgeber erreichbar sein müssen. *Joachim Bauer,* dem diese Angaben entstammen, warnt vor einer bedenklichen Entwicklung: Arbeit sei zum einen sinnstiftend und ermögliche soziales Eingebunden-Sein – der Neuropsychologe nennt dies ›Resonanzerfahrungen‹, Arbeit mache aber zusehends auch krank.

Während in der hierarchischen Gesellschaft des angehenden 20. Jahrhunderts die Neurose als wichtigste psychische Erkrankung galt, ist diese im angehenden 21. Jahrhundert durch die Depression abgelöst worden, so der französische Psychoanalytiker *Alain Ehrenberg* in ›Das erschöpfte Selbst‹. Sein deutscher Kollege *Stephan Grünewald* spricht nun von der »erschöpften Gesellschaft« und von einem neuen »Leistungsdiktat«.

Der frühere »Werkstolz« sei durch einen »Erschöpfungsstolz« abgelöst worden. Die Frage, ob unser Tag erfolgreich, befriedigend oder erfüllend war, mache sich nicht mehr an der Qualität der geleisteten Arbeit fest, sondern am Ausmaß unseres eigenen Ausgelaugt- und Gestresst-Seins. So tobe in vielen Unternehmen eine »Erschöpfungskonkurrenz«.

Für Grünewald wird der Begriff ›Burnout‹ daher gerne verwendet, er habe den »Nimbus einer Tapferkeitsmedaille«, während die Diagnose ›Depression‹ mit einem Mangelzustand der Niedergeschlagenheit etikettiert sei. Nichts desto trotz sieht auch er – wie Bauer – in diesen Erschöpfungszuständen ein Warnsignal dafür, dass immer mehr Menschen den inneren Kompass und das Gespür für sich selbst verloren haben. Laut einem von Grünewald zitierten *Spiegel-Report* klagt jeder zweite Deutsche über Schlafprobleme, jeder siebte hat schon Schlaftabletten geschluckt, jeder zehnte leidet an einer krankhaften Schlafstörung. Die Flucht in die »Überbetriebsamkeit« führe nun dazu, dass wir aufhörten zu träumen, so Grünewald. Doch eine Gesellschaft, in der nicht mehr geträumt wird, verliert die Kraft für Neues.

Aufschlussreich in diesem Zusammenhang ist die historische Studie ›Faktor Freude‹ von *Sabine Donauer*, die zeigt, wie es Konzernen mit Managementmethoden der Unternehmensbindung immer mehr gelungen ist, dass

Arbeitnehmer und Arbeitnehmerinnen freiwillig immer länger arbeiten und auch unbezahlt Überstunden machen.

›Der Mensch als Krone der Erschöpfung‹ – dieser sinnige Plakatspruch soll uns daher zu denken geben. Gegensteuern ist angesagt.

Über den *Index ›Gute Arbeit‹* des Deutschen Gewerkschaftsbundes oder den *›Arbeitsklima-Index‹* der Österreichischen Arbeiterkammer können ArbeitnehmerInnen ihre Zufriedenheit am Arbeitsplatz eruieren. Beide Tools stehen Online zur Verfügung und werden auch für Sensibilisierungsschulungen in der betrieblichen Gesundheitsvorsorge sowie in der Betriebsratsarbeit eingesetzt.

## Das Ganze der Arbeit sehen

Erwerbsarbeit ist ein wichtiger Teil unseres Lebens und trägt wesentlich zur Sinnfindung und sozialen Integration bei. Der Begriff ›Work-Life-Balance‹ ist daher irreführend. Es geht nicht um Arbeit hier und Leben dort, sondern Arbeit ist ein Wesensbestandteil des Lebens. Wenn schon, dann müssten wir mit dem österreichischen Kabarettisten *Bernhard Ludwig* von ›Work-Love-Balance‹ sprechen, also einer Balance zwischen Tätig-Sein und Zeit für Liebe, für Beziehungen.

Wir müssen jedoch noch einen Schritt weitergehen. Das Ziel liegt darin, dass wir uns als sinnvoll in unserem gesamten Tun erfahren können. Tätigkeitswohlstand bedeutet demnach zum einen eine ansprechende und gut zu bewältigende Erwerbsarbeit, zum anderen aber auch die Zeit zu haben für die vielen weiteren, notwendigen und erfüllenden Tätigkeiten: Sorge um Kinder oder ältere Menschen, Hausarbeit, Nachbarschaftshilfe, Engagement in einer sozialen oder politischen Initiative. Denkbar werden in einer breiter definierten Tätigkeitsgesellschaft neue Erfahrungen wie die Mitwirkung an einem Gemeinschaftsgarten in der Wohnsiedlung oder in Projekten freiwilligen Engagements.

Dabei sind solche ehrenamtlichen Tätigkeiten ja gar nicht neu; sie werden in der herrschenden Ökonomie nur nicht wahrgenommen. Diese geht von drei Wirtschaftssektoren aus – dem Primärsektor (Land- und Forstwirtschaft), dem Sekundärsektor (Industrie und produzierendes Gewerbe) und Tertiärsektor (Dienstleistungen) – und erfasst nur, was gegen Geld geleistet wird.

Ein alternatives, von der österreichischen Ökonomin *Luise Gubitzer* entwickeltes Sektorenmodell unterscheidet hingegen fünf Wirtschaftsbereiche: den Marktsektor, den Gemeinwohlsektor, den staatlichen Sektor sowie den Eigenwirtschaftssektor und – nicht zuletzt – den illegalen Wirtschaftssektor.

Während der illegale Wirtschaftssektor zurückzudrängen sei, müsse der Eigenwirtschaftssektors in die volkswirtschaftliche Gesamtrechnungen einbezogen werden, fordert Gubitzer. So wird durch ehrenamtliches Engagement allein in Österreich Arbeit im Ausmaß von 400.000 Vollzeiterwerbstätigen verrichtet.

Dabei ist unbezahlte Arbeit mehrheitlich immer noch Frauensache. *Bettina Haidinger* und *Käthe Knittler* verweisen in ihrer Einführung ›Feministische Ökonomie‹ auf die Zeitbudget-Studien des *Center for Time Use Research*. In Österreich werden demnach von den 9,7 Milliarden jährlich unbezahlt geleisteten Arbeitsstunden zwei Drittel von Frauen geleistet. Bei der bezahlten Erwerbsarbeit dreht sich das Verhältnis um: 61 Prozent entfallen auf Männer. Für Deutschland nennen sie im Jahr rund 56 Milliarden bezahlte Arbeitsstunden, denen 96 Milliarden unbezahlte Arbeitsstunden gegenüberstehen. Diese würden bei einem vom Bundesamt für Statistik unterstellten Nettostundenlohn von 7,1 Euro einem Drittel des gesamten Bruttoinlandsprodukts entsprechen. Der größere Teil dieser unbezahlten Arbeit wird auch in der BRD von Frauen ›erwirtschaftet‹.

*Adrienne Goehler* und *Götz Werne*r, die ebenfalls auf die Menge unbezahlter Arbeit verweisen, folgern daraus – wie mittlerweile viele andere auch – das Recht auf ein bedingungsloses Grundeinkommen. Die steigende Produktivität, die nicht mehr zu neuen Jobs führt, sowie die Tatsache, dass viele Arbeiten ohnedies unbezahlt verrichtet werden, erfordere, so die beiden, eine neue Sicht auf

Arbeit und Einkommen: »Menschliche Arbeit kann man nicht messen, sondern mittels eines Einkommens ermöglichen.« Denn, so ihre pointierte Umkehrung der bisherigen Wahrnehmung der Arbeitsgesellschaft: »Der Mensch muss leben können, damit er arbeiten kann.«

Auch wenn man dem Vorschlag des ›Bedingungslosen Grundeinkommens‹ nicht folgen möchte – ich persönlich plädiere für großzügigere Karenzierungsmodelle, die alle Erwerbstätigen in den Genuss von ›Auszeiten‹ kommen lassen –, so steht eine Neuverteilung der verbleibenden Erwerbsarbeit dringend an. Der Ethiker *Clemens Sedmak* fordert in diesem Sinne die Möglichkeit einer »würdevollen Arbeitslosigkeit«, die für ein Innehalten oder eine Neuorientierung genutzt werden kann. Auf jeden Fall brauchen wir eine neue Ausbalancierung zwischen den unterschiedlichen Tätigkeitssphären, um dem Diktat von Zeitstress und zunehmender Unvereinbarkeit von Erwerbs- und Sozialleben zu entgehen. Eine Gesellschaft egoistischer Singles würde zwar kurzfristig den Konzernen eine noch ›optimalere‹ Verwertung seiner Arbeitskräfte ermöglichen, die Gesellschaft mittelfristig aber zusammenbrechen lassen. Neue Modelle sind gefragt.

Ein ganzheitliches Verständnis von Arbeit sowie eine Neuverteilung der Erwerbsarbeit würden dem Argument für Wirtschaftswachstum, nämlich permanent Arbeitsplätze schaffen zu müssen, den Wind aus den Segeln nehmen.

Die Arbeitszeitmodelle der Zukunft reichen von der 30-Stundenwoche als neue Durchschnittsnorm über die bereits angesprochene ›Dreizeit-Gesellschaft‹, die in bewusster Absetzung von der Freizeitgesellschaft aus je einem Drittel Erwerbsarbeit, Eigenarbeit und Muße besteht, bis hin zu einer ›Halbtagsgesellschaft‹, in der zukünftig Erwerbsarbeit auf die Hälfte reduziert würde, dafür andere Tätigkeitsbereiche an Gewicht gewinnen – ein Modell, das von deutschen Statistikern um *Carsten Stahmer* durchgerechnet wurde. Die Sozialwissenschaftlerin *Frigga Haug* spricht von der ›Vier-in-einem-Perspektive‹. Sie schlägt als Ziel für Männer und Frauen je ein Viertel Erwerbsarbeit, Eigen- bzw. Reproduktionsarbeit, Zeit für kulturelle Entwicklung (Bildung, Reisen) sowie politisches Engagement vor.

Der Postwachstumsökonom *Niko Paech* plädiert für ein 20:20- Zukunftsmodell. 20 Wochenstunden Erwerbsarbeit würden ergänzt durch 20 Wochenstunden Eigenarbeit – Nachbarschaftshilfe, Reparieren, Arbeit in Tauschkreisen usw. *Christine Ax* und *Fritz Hinterberger* schlagen in ihrer Studie ›Wachstumswahn‹ ebenfalls die Orientierung auf eine 20-Stundenwoche für die Zukunft vor, flankiert von einer besseren Einkommensverteilung.

*Andrea Baier* und ihre Kolleginnen schließlich beschreiben in ihrem schönen Buch ›Wovon Menschen leben‹ in Porträts, wie ›Arbeit, Engagement und Muße jenseits des Marktes‹ aussehen können und dass Erwerbsarbeit nicht das Ganze des Lebens ausmacht.

Vielleicht denken Sie, dass solche Modelle zwar schön klingen, in der Realität aber schwer umsetzbar sind. Doch ohne Zukunftsbilder, die auch Visionäres enthalten, fehlt uns die Kraft, an der anderen Zukunft zu bauen. In den Worten von *Frigga Haug*: »Ohne Vorstellung, wie eine andere Gesellschaft sein könnte, lässt sich schwer Politik machen.«

## Vier Zukunftsszenarien

An anderer Stelle habe ich vier mögliche Szenarien für die Arbeitswelt von morgen skizziert, die hier gekürzt wiedergegeben werden sollen.

Die Fortschreibung des Status quo würde eine Prolongierung der gegenwärtigen Konsumgesellschaft bedeuten. Das hohe Niveau an Erwerbsarbeit wird aufrechterhalten, um den Konsum an Gütern und Vergnügungen weiter voranzutreiben. Das Bruttosozialprodukt würde weiter wachsen, mit ihm auch die ökologische Zerstörung und die beschriebene Zeitknappheit. Da bei materiellen Gütern Sättigungen eintreten, würde vor allem der Freizeitkonsum weiter expandieren – hier würde es neue Arbeitsplätze geben. Wir können daher von einem *Konsumgesellschaft II-Szenario* sprechen.

Möglich wäre aber auch die weitere Ausdehnung der sozialen Dienstleistungen, also eine andere Prioritätensetzung hinsichtlich Konsumausgaben. Der erwirtschaftete Mehrwert wird nicht in mehr Freizeitkonsum, sondern in soziale Dienstleistungsangebote wie mehr und frühere Kinderbetreuung, ausgeweitete Angebote für ältere Menschen oder mehr Ausgaben für Bildung oder Persönlichkeitsentwicklung investiert. Die Sorgetätigkeiten würden noch stärker aus den Familien ausgelagert und monetarisiert. Arbeitsplätze würden in diesen Dienstleistungsbereichen entstehen, finanziert würden sie über höhere Steuereinnahmen sowie innovative Modelle, etwa Pflegeversicherungen oder Gesundheitsfonds. Das Bruttosozialprodukt würde auch in diesem *Dienstleistungsgesellschaft II-Szenario* weiter wachsen, nicht jedoch die Umweltzerstörung (Dienstleistungen sind weniger ressourcenintensiv) und auch nicht die Zeitknappheit, da Sorgetätigkeiten eben ausgelagert sind.

Im dritten Szenario würden wir die anfallenden Sorgetätigkeiten (wieder) verstärkt selbst wahrnehmen, dafür aber die Erwerbsarbeit und damit auch die Konsummöglichkeiten reduzieren. Die Wirtschaft würde nicht weiter wachsen, wahrscheinlich sogar schrumpfen, da auch die Erwerbsarbeit und der Konsum zurückgehen. Mögliche Nachteile dieses Szenarios einer *Tätigkeitsgesellschaft*: Kinder aus sozial benachteiligten Schichten fehlen soziale

Korrekturmöglichkeiten, die Betreuungsangebote bieten; die Menschen könnten diese Alternative als zu wenig attraktiv ablehnen, obwohl sie mehr Sozialzeit für- und miteinander ermöglicht; jene, die keine Kinder oder ältere Menschen zu betreuen haben, genießen materielle und zeitliche Vorteile, dass sie diese Betreuungsaufgaben nicht erfüllen müssen. Die ›Dinks‹ (Double Income – No Kids) sind ja auch die Gewinner in der Konsumgesellschaft gegenwärtiger Ausprägung.

Diesem Dilemma würde entgegengewirkt, wenn die in den Familien verbleibenden Sorgetätigkeiten durch staatliche Transferleistungen noch stärker unterstützt werden. Kinder- oder Pflegegeld, das es ja bereits gibt, würde bewusst ausgeweitet, sodass jene, die diese Tätigkeiten selbst ausführen, dafür guten Gewissens die Erwerbsarbeit reduzieren können. In dieser *Transfergesellschaft der pluralen Tätigkeiten* würden Anreize geschaffen, Beziehungsarbeit einschließlich Nachbarschaftshilfe vermehrt selbst auszuführen.

Aus meiner Sicht soll eine offene Gesellschaft den Bürgern und Bürgerinnen die Wahlfreiheit lassen, wie weit sie die Sorgetätigkeiten selbst verrichten oder an öffentliche Einrichtungen weitergeben wollen, auch wenn ich dem Erhalt beziehungsweise der Rückgewinnung von Beziehungszeit mit den eigenen Angehörigen viel abgewinnen kann.

## Plurale Arbeit in einer pluralen Wirtschaft

Plurale Arbeit – die auch ›Mischarbeit‹ genannt wird – bedeutet einen Mix an Tätigkeiten; plurale Erwerbsbiografien würden sich durch flexible Modelle auszeichnen, die etwa ein höheres Arbeitsausmaß in der Vorfamilienphase, ein ›halbiertes‹ Erwerbsleben für beide Geschlechter in der Familienphase und einen gleitenden Übergang in den Ruhestand im Alter bedeuten würden. Länger-Arbeiten im Alter würde so durchaus denkbar, weil die Menschen länger fit bleiben und ihrem Alter angepasste Arbeitszeiten und Arbeitsbedingungen vorfinden. Das Erfahrungswissen der Älteren würde sich mit dem Innovationswissen der Jüngeren verbinden.

Ich gehe davon aus, dass die Erwerbsarbeit auch in Zukunft den zentralen Stellenwert in arbeitsteiligen Gesellschaften einnehmen wird. Auch wird der Anteil sozialer Dienstleistungen weiterhin steigen. Finanziert können diese nur werden durch einen Produktionssektor hoher Wertschöpfung – ›High Tech‹ finanziert sozusagen ›High Touch‹. Und doch kann in einer Tätigkeitsgesellschaft im Zuge von Arbeitszeitverkürzungen den übrigen Tätigkeitsbereichen (wieder) mehr Aufmerksamkeit geschenkt werden. Dies hätte auch positive ökologische Auswirkungen: der ressourcenintensive Güterkonsum würde zurückgehen, wohl auch der Freizeitkonsum – die Menschen würden ja wieder mehr miteinander machen. Zudem würden etwa in einer ›Drei-Tage-Woche‹ die Arbeitswege und damit die Verkehrsbelastungen merklich sinken.

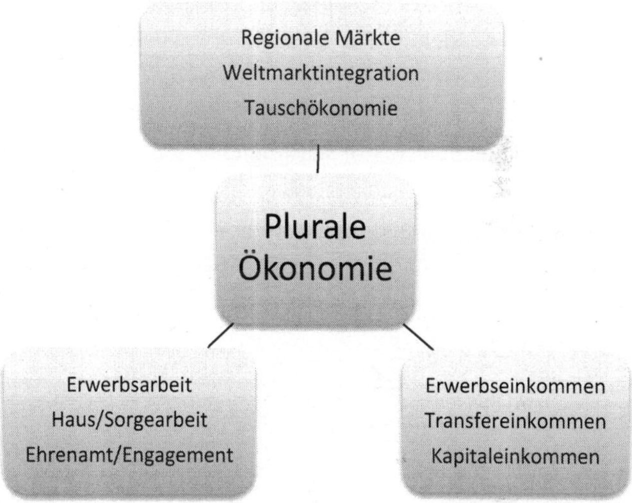


Zur *pluralen Arbeit* kämen *plurale Einkommen*, wie der Sozialwissenschaftler *Georg Vobruba* in seinem Plädoyer für die ›Abkehr von der Vollbeschäftigung‹ vorschlägt. Die Erwerbseinkommen würden ergänzt durch erhöhte Transfereinkommen für Sorgetätigkeiten und breiter gestreute Kapitaleinkommen (auch wenn letztere durch die Finanzkrise in Misskredit gekommen sind). Eingebettet würden *plurale Arbeit* und *plurale Einkommen* in eine *plurale Wirtschaft,* in der nur mehr exklusive Güter aus dem Weltmarkt bezogen würden. Der Großteil der Güter des täglichen Bedarfs käme aus regionaler Produktion, in der auch der Anteil des Selbermachens sowie der Tauschökonomie (wieder) mehr Bedeutung erlangen würde (s. Abb.).

Der Verweis auf eine plurale Ökonomie mit einem starken regionalen Sektor als lohnende Zukunftsperspektive führt uns zum nächsten Aspekt eines ganzheitlichen Wohlstandes, nämlich der wohltuenden Raumbindung unserer Aktivitäten, die mit einem wieder an Orte gebundenen Wirtschaften zusammenhängt.

# Kapitel VIII: Ortswohlstand. Oder: Wo sich gut leben lässt.

Wir verbringen an die 80 Prozent unserer Lebenszeit in Gebäuden, etwa die Hälfte davon in der eigenen Wohnung. Auch wenn in wärmeren Klimazonen dieser Anteil selbstverständlich etwas niedriger ist, sind unsere Behausungen ein zentraler Teil unserer Lebenskultur. Die Wahl ökologischer und gesundheitsverträglicher Baumaterialien, helle, sonnendurchflutete Räume (Stichwort ›Bauen mit der Sonne‹), eine ästhetisch ansprechende Architektur, die Abwesenheit von Lärm, der Zugang zu Natur – all das zählt zu Wohnqualität und ist somit ein wesentlicher Teil von Wohlstand.

Zur Wohnqualität gehören überdies ein passendes Wohnumfeld, die Möglichkeit des Knüpfens von Nachbarschaftskontakten und das Vorhandensein von sozialen und wirtschaftlichen Infrastrukturen sowie die Anbindung an den Öffentlichen Verkehr. Wohnqualität erweitert sich so zur ›Ortsqualität‹, von der *Barbara Mettler-v. Meibom* spricht, bzw. zum Ortswohlstand. Dieser hat mit Beheimatung zu tun. Heimat meint dabei nicht kitschige

Folklore, sondern einen ›Ort des Kennens, Gekannt- und Anerkannt-Werdens‹, wie die Psychoanalytikerin *Beate Mitzscherlich* in Anlehnung an die Ethnologin *Ina Greverus* ausführt.

Ortswohlstand hat auch zu tun mit Raumästhetik. Die durch keine einigende Formgebung mehr erkennbaren, zersiedelten Stadt(rand)landschaften sind Ausdruck eines Individualismus, der Selbstverwirklichung nur mehr in einer autistischen Selbstinszenierung sieht ohne Einbindung in ein größeres Ganzes. Der Verlust von architektonischer Zusammengehörigkeit, die etwa alte europäische oder mediterrane Städte ausgezeichnet hat, spiegelt eine Kultur, die Freiheit verwechselt mit grenzenloser Permissivität – die vor der Raum(un)ordnung nicht Halt macht.

Möglich geworden ist diese Entgrenzung der Städte durch die Ausstattung aller Haushalte mit Autos, die zu einer permanenten Ausweitung der Distanzen geführt hat. Der Preis für diese Massenmotorisierung war eine Abwertung der Orte als Lebensräume. Diejenigen, die an den so genannten Transitrouten wohnen, wissen ein Lied davon zu singen, was damit gemeint ist.

Und wo es nicht um ›fließenden‹, sondern um den ›ruhenden Verkehr‹ geht, mutierten die Räume zu großen Abstellflächen, zu öffentlichen ›Maschinenhallen‹, wie es der Wiener Verkehrsplaner *Hermann Knoflacher* ausdrückt.

## Intelligente Mobilität

Mobilität ist kein Grundbedürfnis, sondern eigentlich Ausdruck eines Mangels vor Ort, so nochmals Knoflacher. Mobilitätswohlstand als Teil von Ortswohlstand würde in diesem Sinne nicht möglichst hohe Mobilität bedeuten, sondern im Gegenteil, die für ein gutes Leben wichtigen Bedürfnisse möglichst im Nahbereich befriedigen zu können – idealer Weise fußläufig oder zumindest mit dem Rad.

*Ortswohlstand* ist daher wesentlich eine Frage der *Raumordnung*, die öko-intelligente Mobilitätsstrukturen ebenso zu ihrem Anliegen macht wie eine ästhetische Gestaltung von Siedlungs- und Kulturlandschaften. Der Journalist *Tarek Leitner* spricht von ›Verschandelung‹, die allen Orts um sich greift, und fordert einen ›Mut zur Schönheit‹. Ortswohlstand umfasst die Qualität der öffentlichen Räume und Infrastrukturen, die Gestaltung von Plätzen, die Schaffung von Orten der Ruhe und der Begegnung im ›Lärm der Städte‹, generell die Rückgabe der derzeit von den Autos okkupierten urbanen Lebensräume an die Bewohner und Bewohnerinnen.

Ein noch junger ›Verein zur verkehrspolitischen Bewusstseinsbildung‹ namens ›*Fairkehr*‹ hat die Idee Knoflachers aufgegriffen, mittels sogenannter ›Gehzeuge‹ auf die Besetzung des öffentlichen Raums durch die Autos aufmerksam zu machen. Mit umgehängten Holzgestellen, die dem Flächenbedarf von Autos entsprechen, verschaffen sich die AktivistInnen auf diesem Weg ihren Raum! Und mit ›fairkehrten Festen‹ auf mit Naturrasen ›begrünten‹ Straßen wird zumindest für einige Tage im Jahr der öffentliche Straßenraum zum belebten Ort, wie die Abbildung zeigt (vgl. *www.fairkehr.net*).

Begrünte Straßen – warum nicht für immer? (Foto: Fairkehr)

In der Generation der ›jungen Urbanen‹ nimmt die Affinität zum Auto ohnedies ab. Die Erfahrung, dass Mobilität auch ohne Auto möglich ist, führt zu einer sinkenden Autodichte in vielen Städten – ein Hoffnungsschimmer am Horizont einer Stadt der Zukunft, der, wie Zeitungsberichte zeigen, den Autokonzernen bereits ›Sorgen‹ bereitet. Moderne öffentliche Verkehrsmittel sowie radfreundliche Infrastrukturen wie etwa in Amsterdam oder Kopenhagen, wo die Raddichte bald jene der Autos übersteigt, ermöglichen dabei ganz neue Erfahrungen von Mobilität.

Und auch der Einzugsverkehr aus dem Stadtumland, der durch die Problematik der Speckgürtel-Zonen an Brisanz gewonnen hat, muss zukünftig anders als mit dem Auto bewältigt werden. Wirkliche Ökohäuser punkten nicht nur mit Niedrig- bzw. Nullenergiebauweise, sondern auch mit einer intelligenten Anbindung an den öffentlichen Verkehr. *Energiesparhäuser* müssen zugleich *Mobilitätssparhäuser* sein.

Im Zuge der Entwicklung eines Spiels zum Ökologischen Fußabdruck musste ich auch die Mobilitätsgewohnheiten der Österreicherinnen und Österreicher recherchieren. Im Durchschnitt legt der/die Österreicher/in pro Woche 200 Kilometer mit dem Auto zurück, bedeutend mehr als mit öffentlichen Verkehrsmitteln oder mit dem Rad. Die Befunde werden für Deutschland oder die Schweiz ähnlich sein, auch wenn die Eidgenossen als Vorreiter hinsichtlich autoreduzierter Mobilität in den Städten gelten.

Neben den Freizeitwegen spielen die täglichen Pendelwege zur Arbeit eine wichtige Rolle. Eine Mobilität der intelligenten Wege setzt daher bereits bei der Wahl der Wohnung an. Es geht nicht nur daran, wie diese gebaut ist und ob einem das Umland gefällt, sondern auch um deren (öffentliche) Erreichbarkeit. Denn Mobilitätskosten müssen den jährlichen Betriebskosten hinzugerechnet werden. So haben meine Frau und ich unsere Wohnung in einer Gemeinde nahe der Stadt Salzburg bewusst so gewählt, dass die S-Bahn gut fußläufig erreichbar ist – und in der Nicht-Winterzeit das Büro auch mit dem (E)-Bike. Die mit dem Auto zurückgelegten Restkilometer jährlich schrumpfen zu lassen, ist unser erklärtes Ziel. Und auch der Umstieg auf das örtliche *Carsharing*-Netzwerk wird bereits heftig am Familientisch diskutiert.

Die Zukunft der Welt wird in den Städten entschieden, denn bereits heute lebt mehr als die Hälfte der Weltbevölkerung in Städten. Ihre lebensfreundliche Gestaltung ist daher von zentraler Bedeutung. Notwendig sind öffentliche Infrastrukturen jenseits des Autos, das seine Kompatibilität mit einem menschenverträglichen, urbanen Wohnen eingebüßt hat.

Notwendig sind aber auch menschliche Maße, die eine Aufwertung der Stadtteile mit eigenen Subzentren erfordert. Denn so wie manche Dörfer einfach zu klein sind, um ein sinnvolles, sozial und ökologisch verträgliches Leben zu führen, so sind die meisten Städte zu groß. Dezentralisierung innerhalb der Städte ist also ebenso angesagt wie eine intelligente Ordnung der ländlichen Räume entlang von Achsen des Öffentlichen Verkehrs.

Ein unter Pseudonym erschienenes Buch ›Neustart Schweiz‹ unterbreitet Vorschläge, wie ein nachhaltiges, gemeinschaftliches Zusammenleben in einer Neuordnung der Raumstrukturen möglich wäre. Kompaktes Wohnen wird in diesem Entwurf verbunden mit einem hohen Selbstversorgungsgrad der Städte aus dem Umland.

## Renaissance der Orte

Not tut somit eine Renaissance der Orte, die nicht gleichzusetzen ist mit Immobilität, sondern bewusstes Vor-Ort-Sein bedeutet – oder anders ausgedrückt – die Fähigkeit zur Präsenz erfordert, der wir im Kapitel zum *Zeitwohlstand* bereits begegnet sind. Der oben (Kap. VI) zitierte deutsche Psychologe *Stephan Grünewald* spricht von einer ›Flucht in die Überbetriebsamkeit‹ und dem ›Verlust des Träumens‹. Die Rückkehr zu mehr Sesshaftigkeit würde dazu beitragen, jene Muße, aus der Kreatives entsteht, wieder zu finden.

Wohnanlagen der Zukunft werden daher nicht nur energieautark sein – es gibt bereits jetzt Gebäude, die mehr Energie erzeugen als sie verbrauchen und somit zu ‚Mini-Kraftwerken' mutieren, etwa das Projekt ›Sonnenschiff‹ des Solararchitekten *Roland Disch* in Freiburg. Sie werden auch viel mehr auf eine Kultur des Zusammenwohnens achten. Experimente wie ›Mehr-Generationen-Wohnen‹, ›Multikulturelles Wohnen‹, ›Autofreie und autoarme Siedlungen‹, ›Ökodörfer‹ oder ›Co-Housing‹ werden dabei den Weg weisen.

Es gibt mittlerweile in vielen Städten vorbildhafte Wohnprojekte, in denen neue Ansätze verfolgt werden. Und manches Mal können sogar ganze Stadtteile neugestaltet werden. Ein Beispiel ist der neue Stadtteil *München Riem*, wo auf dem ehemaligen Flughafengelände sozusagen auf dem Reißbrett eine Verbindung von sozialem wie ökologischem Wohnen, neuen Betrieben und Arbeitsplätzen sowie neu gewonnenen Erholungsgebieten geschaffen werden konnte. Im Freiburger Stadtteil *Vauban* wiederum wurde auf einem ehemaligen Kasernengelände der Nato ein architektonisch und sozial buntes Baugeschehen angestoßen. Innovative Anreize für Baugemeinschaften führten zu einer Vielzahl neuer Wohnformen. Vauban besticht durch seine ökologischen Standards ebenso wie durch die soziale und kulturelle Vielfalt. Es gibt nicht nur eine selbstorgansierte Stadtteilzeitung, sondern auch ein neues Bürgerhaus für Versammlungen und Veranstaltungen, das im ehemaligen Offizierskasino eingerichtet wurde – ein schönes Symbol für zukunftsweisenden Wandel.

Ein Hinweis zum ökologischen Wohnen muss hier freilich angebracht werden: Die Energiewende wird mit Ökohäusern *allein* nicht zu machen sein. Der Grund liegt in der einfachen Tatsache, dass es unmöglich ist, alle Altbauten in absehbarer Zeit durch moderne, ökologische Neubauten zu ersetzen. Die gegenwärtige Neubaurate im Wohnbereich beträgt ein Prozent, d. h. es wird hundert Jahre dauern, um die Altbauten loszuwerden. Nicht weniger wichtig ist daher die ökologische Renovierung der Altbausubstanz. Stichwort: thermische Sanierung. Hier könnte durchaus mehr Tempo an den Tag gelegt werden.

Laut *Deutschem Umweltbundesamt* gibt es in der BRD gut 60 Prozent an nicht ausgenütztem Einsparpotenzial im Bereich des Raumwärmebedarfs. Für Österreich reichen die Schätzungen ebenfalls auf mindestens 50 Prozent.

Da Wohnen gemeinsam mit Mobilität und Industrieproduktion den größten Anteil am Energieverbrauch ausmacht, besteht hier beträchtlicher Handlungsbedarf. Die Renovierungsrate, die derzeit ebenfalls bei lediglich einem Prozent liegt, d. h. pro Jahr wird nur etwa ein Hundertstel des Altbaubestandes thermisch saniert, kann und muss deutlich gesteigert werden. Dabei brauchen wir auch gesetzliche Vorschreibungen für Hausbesitzer sowie Contracting-Modelle, um auch die Bewohner und Bewohnerinnen von Miethäusern in den Genuss wärmesanierter Gebäude kommen zu lassen.

Das post- bzw. spätfossile Wirtschaften wird in jedem Fall dezentraler organisiert sein als das gegenwärtige. Denkbar wäre eine *Ecopolis*, die der *Petropolis* folgt und die sich wieder überwiegend aus dem Umland der Stadt versorgt. Nur Spezialprodukte würden vom überregionalen bzw. globalen Markt zugekauft, wie *Herbert Girardet* vom World Future Council ausführt. Und *Ralf Fücks* von der Heinrich-Böll-Stiftung entwirft in ›Intelligent wachsen‹ das bunte Bild einer ›postfossilen Stadt‹, auf die hier ebenfalls verwiesen sei.

## Natur in der Stadt

Nicht zuletzt hängt Ortswohlstand zusammen mit der Möglichkeit von unmittelbarer Naturerfahrung, die – dies zeigen Untersuchungen – für das Wohlbefinden von großer Bedeutung ist.

Natur kann und muss in die Stadt zurückgeholt werden – sei es durch Grünanlagen und die Einbindung des Elementes Wasser (Flüsse, Stadtseen), sei es durch die Wiederbelebung von Stadtgärten, wie die Bewegungen des *Urban Gardening* oder der *Transition Towns* vormachen. Neben einer Stadtraumordnung der kurzen Wege brauchen wir auch zusammenhängende, von Straßen abgelegene Rad- und Fußwegenetze, die ein natur- und körpernahes Fortkommen abseits des Lärms der Autos ermöglichen. Die Zukunft soll *Green Cities* mit begrünten Häusern und lebendigen öffentlichen Plätzen gehören.

Wichtig ist auch die Ausweisung stadtnaher Erholungsräume, wie etwa das Beispiel des *Emscher Parks* im deutschen Ruhrgebiet, in dem Industriebrachen zu Grünland gewidmet wurden, oder das Projekt der Internationalen Bau- und Gartenausstellung im Hamburger Stadtteil *Veddel/Wilhelmsburg* zeigen.

Es wird auch darum gehen, Freizeitaktivitäten wieder stärker an Natur in und um der Stadt auszurichten. *Ulrich Grober* beschreibt in seinem schönen Buch ›Übers Wandern. Zur Wiederentdeckung einer alten Kunst‹, wie die Welt zu Fuß neu erfahren, besser ›ergangen‹ werden kann. Der Autor schildert darin auch spannende Stadtwanderungen, die es ermöglichen, Städte ganz neu zu entdecken.

Die Jäger und Sammler der Frühzeit sollen pro Tag noch an die 20 bis 40 Kilometer zu Fuß zurückgelegt haben. Der moderne Büromensch kommt auf 20 bis 40 Meter: nämlich von der Wohnungstür zum Auto und von diesem zur Bürotür, rechnet Grober vor. Ein neues Verständnis von Mobilität einschließlich einer Renaissance des Gehens kann somit viel zu einem Ortswohlstand beitragen und zugleich Beziehungen fördern, worauf wir im folgenden Kapitel zu sprechen kommen.

# Kapitel IX
# Beziehungswohlstand. Oder: Wir sind Gemeinschaftswesen.

Selbstverständlich freuen wir uns, wenn wir eine Lohnerhöhung bekommen oder wenn wir ein Schnäppchen im Supermarkt ergattern. Bei den meisten von uns erlischt diese Freude jedoch, wenn sie erfahren, dass die Lohnerhöhung auf Kosten anderer MitarbeiterInnen gegeben oder das Schnäppchen mit ausbeuterischen Arbeitsbedingungen erkauft wurde. Der Mensch ist sehr wohl auf seinen eigenen Vorteil bedacht, er ist aber nicht ausschließlich ein nutzenmaximierendes Wesen, wie ihn die klassische Wirtschaftstheorie im Modell darstellt.

Nicht nur, dass wirtschaftliche Entscheidungen, etwa Konsumprioritäten, keineswegs allein von rationalen Erwägungen geleitet werden – wäre dem so, dann würde Werbung im Nichts verpuffen; wir Menschen wollen im Grunde, dass es anderen auch gut geht, und wir wissen, dass es uns selbst nur gut gehen kann, wenn wir auf andere Rücksicht nehmen. Der Mensch ist eben wesentlich ein Gemeinschaftswesen, das auf Kooperation angelegt ist, wie der Neurobiologe *Joachim Bauer* an zahlreichen Befunden darlegt.

In diesem Sinne wird gesundes, menschliches Verhalten insbesondere vom Bedürfnis nach Gemeinschaft, nach sozialem Eingebettet-Sein bestimmt. Als Beziehungswesen brauchen wir die gegenseitige Wahrnehmung und Wertschätzung, die Rückversicherung durch das Du, das damit zu einer Art Resonanzkörper für das Ich wird. Ist die Beziehungsfähigkeit gestört oder stark beeinträchtigt, werden wir krank. Aggressives oder gewalttätiges Verhalten resultiert aus eigenen Ohnmachtserfahrungen, Kränkungen und Zurücksetzungen und ist dabei ein untaugliches Mittel, seine Integrität wiederherzustellen. Bei Depressionen, Ernährungsstörungen oder Süchten lenken die Betroffenen die Aggression gegen sich selbst.

Dabei ist es keineswegs so, dass wir alle zu sich selbst aufopfernden Wesen mutieren sollen, die nur den Vorteil des anderen im Auge haben. Ergebnisse aus der Spieltheorieforschung zeigen, dass Menschen zu Kooperation bereit sind, aber nur dann, wenn die anderen auch kooperieren. Das entspricht einem gesunden Überlebensinstinkt.

Mit ›Tit for Tat‹ wird jenes Experiment bezeichnet, in dem zwei Gruppen eine bestimmte Menge Geld bekommen. Sie haben die Möglichkeit die Summe mit der jeweils anderen Gruppe zu teilen oder für sich zu behalten. Wenn beide teilen, gibt es eine Zusatzbelohnung. Freilich:

Wenn eine Gruppe damit spekuliert, dass die anderen teilen, sie selbst aber nicht, bekommen sie die Hälfte der anderen Summe und sie behalten die eigene. Das Wesentliche an diesem Spiel: Wenn beide Gruppen in der ersten Runde kooperieren, tun sie das auch in der nächsten Runde. Wird eine Gruppe jedoch enttäuscht, dann erlischt naturgemäß auch deren Bereitschaft zum Teilen.

## Soziales Kapital

Eine sozial nachhaltige Gesellschaft ist somit eine Gesellschaft, die Beziehungen und die Beziehungsfähigkeit fördert. Soziales Kapital ist für das Gedeihen einer Gesellschaft wohl noch wichtiger als finanzielles Kapital. Dieses entsteht in den Familien, in funktionierenden Nachbarschafts- und Freundschaftsnetzwerken, in Betrieben mit gelingender Beziehungskultur, in Vereinigungen der Zivil- und Bürgergesellschaft.

›Wie viele Menschen kennen sie, die sie anrufen würden, wenn sie jemanden suchen um ins Kino zu gehen?‹ Oder: ›Wie vielen Menschen würden sie sich anvertrauen, wenn sie erfahren, dass sie eine schwere Krankheit haben?‹ Diese und weitere Fragen werden in der Sozialkapitalforschung Menschen gestellt, um die Beziehungs- und Freundschaftsnetzwerke in Gesellschaften zu erheben.

Die Befunde sind eindeutig: im Trend nimmt das Sozialkapital ab, wobei ländliche Regionen – was überraschen mag – nicht besser abschneiden als Städte, wie *Ernst Gehmacher*, ein Doyen der europäischen Sozialkapitalforschung, an einer Untersuchung in Österreich herausgefunden hat.

Der US-Sozialwissenschaftler *Robert Putnam* hat mit ›Bowling alone‹ das Phänomen der Vereinzelung in der modernen, arbeitsteiligen und hoch individualisierten Konsumgesellschaft auf den Punkt gebracht. Gelingt es nicht mehr, dass sich Menschen für einen gemeinsamen Kegelabend zusammenfinden, weil die Interessen derart heterogen und die Zeitstrukturen derart asynchron geworden sind? So lautete die Ausgangsfrage von Putnam, die er zumindest für die US-Gesellschaft bewahrheitet fand.

Leben wir nun in einer Gesellschaft abnehmender Bindungsfähigkeit, wie steigende Scheidungsraten und zerrüttete Familien vermuten lassen, sowie einer abnehmenden Engagement-Bereitschaft, wie manche warnenden soziologischen Befunde nahelegen? Dies stimmt wohl nur bedingt. Es wäre verkehrt zu glauben, dass Beziehungen früher verantwortungsvoller, intensiver oder erfüllender gelebt wurden als heute. Die Reduktion auf das karge Überleben sowie autoritäre und hierarchische Familien- und Gesellschaftsstrukturen haben die Entfaltungsmöglichkeiten, das Ernstgenommen-Sein in seiner Persönlichkeit in der Knappheitsgesellschaft von früher wesentlich eingeschränkt.

Beweglichere Lebensbiografien und die Pluralisierung von Lebensformen sind Ausdruck gestiegener ökonomischer und sozialer Freiheit, in der Abhängigkeitsverhältnisse und gesellschaftliche Zwänge an Bedeutung verlieren. Wir können mit der Soziologin *Ulrich Beck-Gernsheim* von einer ›Demokratisierung der Gefühle‹ sprechen, die zu ausdifferenzierten Beziehungen und auch zu einer offeneren und lebendigeren Sexualität geführt hat.

Doch dies gilt nicht generell. Parallel zur Ausweitung der Beziehungsfähigkeit findet eine soziale Verarmung statt. Die Angst nicht mehr mithalten zu können, zerrüttete Familienstrukturen oder das überbordende ›Angebot‹ virtueller Erlebniswelten mögen als Ursachen dafür gelten. Der Suchtforscher *Kurosch Jazdy* legt die multiplen Erscheinungsformen von Sucht dar, die von der Konsum- und Mediengesellschaft gefördert werden. In Analogie zu den ›Substanzsüchten‹ spricht er daher in ›Junkies wie wir‹ von »Verhaltenssüchten«, die jedoch gesellschaftlich anerkannt seien: »Unsere Gesellschaft shoppt, zockt und surft sich in einen kollektiven Rausch. Völlig legal, weil der Ausgangspunkt des Rausches als Kulturpraxis anerkannt ist.« Um das Prinzip der Sucht als Beziehungssuche zu verstehen, müssten wir uns vom Trend zur »totalen Individualität« distanzieren, so der Psychiater. Der Mensch sei eben immer noch ein Rudeltier. Wir wollen ihn ein Beziehungswesen nennen.

Die insbesondere über das Internet stark ausgeweitete ›Pornofizierung der Gesellschaft‹ – so der treffende Ausdruck der niederländischen Journalistin *Myrte Hilkens* – hat auch nichts mit befreiter Sexualität zu tun; im Gegenteil, diese macht uns unfrei. So erleben wir auch hier eine Gleichzeitigkeit des Ungleichzeitigen: Die Kultivierung der Beziehungen läuft parallel zu deren Verrohung. Zur ökonomischen und sozialen Spaltung der Gesellschaft kommt eine kulturelle.

## Chancen der Beziehungsgesellschaft

Doch insgesamt sind die Chancen in der Wohlstandsgesellschaft gestiegen, dass diese auch zur Beziehungsgesellschaft wird. Das steigende Interesse an Beziehungsfragen signalisiert jedenfalls das Bedürfnis nach Verfeinerung des zwischenmenschlichen Umgangs sowie der Suche nach einem authentischen Leben. Gerade in der Nachknappheitsgesellschaft wird Beziehungswohlstand möglich, da die materiellen Grundbedürfnisse (weitgehend) gesättigt sind. Gemäß der Bedürfnispyramide von *Abraham Maslow* ist es uns möglich, die differenzierteren Bedürfnisse nach emotionaler Zuwendung, Anerkennung und Selbstverwirklichung umzusetzen. Die alte Großfamilie unter einem Dach ist zwar selten geworden, familiäre Netzwerke sind aber deswegen nicht obsolet und sie werden ergänzt durch Freundschaftsnetzwerke.

Untersuchungen über die Werte und Wünsche von Jugendlichen zeigen, dass Familie einen sehr wichtigen Stellenwert einnimmt. Dass der Wert der Familie heute höher eingeschätzt wird als etwa in meiner Jugendgeneration, mag mit dem Aufbrechen der traditionellen, autoritär organisierten Familienstrukturen von früher zusammenhängen. Familie wird heute eher positiv erfahren. Es hat wohl aber auch mit dem stürmischer werdenden Umfeld, den steigenden Leistungsanforderungen, der zunehmend geforderten Flexibilität zu tun. Der Sozialwissenschaftler *Heinz Bude* spricht von der ›Gesellschaft der Angst‹, in der das permanente Kündigungsgebot lauere – im beruflichen wie privaten Umfeld.

Gleich wie – der Wert gelingender Familienbeziehungen gilt heute als unumstritten für ein gelingendes Erwachsenwerden. Die Familie ist in diesem Sinne auch als Widerpart zur Konsum- und Eventgesellschaft zu sehen. Prioritäten werden neu gereiht: Das Konzert der Tochter in der Musikschule wird wichtiger als das Konzert von Pop-Stars, das Fußballturnier des Sohnes wichtiger als die Fußballübertragung im Fernsehen.

Beziehungswohlstand bezieht sich freilich nicht nur auf das Privatleben, sondern auch auf Arbeit und Beruf. Kluge Unternehmen erkennen zusehends die Bedeutung gelingender Beziehungen am Arbeitsplatz, was sich im Wandel der Unternehmenskultur niederschlägt.

Im Beziehungswohlstand liegt nicht zuletzt ein Hebel für die ökologisch geforderte Reduzierung des Konsumwachstums. Die Psychoanalytikerin *Thea Bauriedl* bringt es auf den Punkt, wenn sie meint, dass wir nicht mehr von allem brauchen, »sondern mehr von dem was uns im Leben gut tut.«

Fest steht: Der Beziehungswohlstand kann – anders als der Güterwohlstand – schier unbegrenzt weiterwachsen. Er verbraucht keine Naturressourcen, sondern lebt von jenen Energien, die zwischen uns Menschen fließen. Diese bestehen jeden Nachhaltigkeitstest! Kriterien für Beziehungswohlstand wären demnach: Was Menschen näher bringt. Was Menschen wachsen lässt. Was Kopf, Hand und Herz berührt. Was Konflikte lösen lässt.

Zusammengefasst: Mehrfach wurde deutlich, dass gelingende Beziehungen, zu denen auch der Umgang mit Konflikten gehört, ganz wesentlich zu Wohlstand und Lebenszufriedenheit beitragen. Wächst die Qualität menschlicher Beziehungen, so nimmt das Bedürfnis nach demonstrativen Konsumgütern ab. In einer Mitmach-Gesellschaft unternehmen die Menschen wieder mehr miteinander, das erhöht die Zufriedenheit, nicht unbedingt aber das BIP, was aber kein Problem mehr darstellt!

Denn nur in einer postkonsumistischen Beziehungsgesellschaft ist qualitatives Wachstum möglich. Ihren Widersachern, etwa der Ökonomisierung menschlicher Beziehungsbedürfnisse durch allerlei Glücks- und Erfolgsversprechen der Werbeindustrie ist entgegenzutreten. Chancengerechtigkeit basiert dabei auf einer ausreichenden materiellen Basis für alle, geht aber darüber hinaus. ›Freunde‹, ›Selbstwirksamkeit‹ und ›Anerkennung‹ benennen die Armutsforscher *Martin Schenk* und *Michaela Moser* als ›moderne Lebensmittel‹.

Es ist Aufgabe einer Tätigkeits- und Beziehungsgesellschaft, die hierfür förderlichen Strukturen und Rahmenbedingungen zur Verfügung zu stellen.

Wesentlich dafür sind der Zugang zu Information und Bildung für alle sowie eine breite politische Teilhabe an der demokratischen Willensbildung. Darum geht es in den beiden folgenden Kapiteln.

# Kapitel X: Bildungswohlstand. Vom Wissen und Können.

Bildung hat zum Ziel, Menschen in ihrer persönlichen und beruflichen Entwicklung zu fördern und sie zu befähigen, ihr Leben selbstverantwortlich zu führen sowie als Bürgerinnen und Bürger aktiv an der Gestaltung der Gesellschaft mitzuwirken. Bildung ist somit eine wesentliche Zukunftsaufgabe, die dazu beiträgt, sich den Herausforderungen des 21. Jahrhunderts kritisch, konstruktiv und engagiert zu stellen.

Bildung hat dabei mit den Bildern zu tun, die wir uns von der Wirklichkeit machen und die unser Handeln bestimmen. Daher geht es bei Bildung wesentlich auch um Deutungsmacht, also um das Ringen um konkurrierende Sichten der Welt. Als kritisches Bewusstsein würden wir dann die Fähigkeit verstehen, unterschiedliche Meinungen zu reflektieren und auf ihre Interessen und Absichten hin zu prüfen.

Nun verfügten wir noch nie in der Weltgeschichte über so viel Wissen wie heute. Das ist erfreulich. Mehr Menschen genießen eine bessere Bildung, auch wenn es hier weiter soziale Schranken gibt. Doch erfahren wir wirklich, worauf es ankommt? Und wo liegen die Grenzen von Bildung? Warum handeln wir so oft nicht anders, obwohl wir es besser wissen? Fragen, denen wir uns stellen müssen.

## Ambivalenz des lebenslangen Lernens

Bildungswohlstand in der komplexen Welt des 21. Jahrhunderts erfordert demnach Kompetenzen, die über die Aneignung von Faktenwissen und den alten Bildungskanon hinausweisen.

Für die meisten Menschen steht freilich zunächst die berufliche Aus- und Fortbildung im Vordergrund. Auch Schule wird immer mehr im Kontext späterer Karriereaussichten wahrgenommen. Die Aneignung neuer Fertigkeiten – vom Erlernen von Fremdsprachen über Kommunikationstrainings bis hin zur Einschulung in neue EDV-Programme – ist legitim, um seine beruflichen Chancen zu verbessern oder zumindest intakt zu halten. Wenn von ›Lebenslangem Lernen‹ gesprochen wird, ist in der Regel die Verbesserung beruflicher Qualifikationen gemeint. Eine Wirtschaft rasanter Veränderungen erfordert dieses permanente Mit-Lernen der Menschen mit den sich ergebenden technologischen Innovationen. Und auch soziale Kompetenzen, Kommunikations- und Konfliktfähigkeit, die Fähigkeit und Bereitschaft in Teams zu arbeiten, gewinnen in der Wirtschaftswelt an Bedeutung.

Doch wenn das lebenslange Lernen in einen Qualifizierungszwang ausartet, der alle zurücklässt, die sich diesem nicht unterwerfen bzw. nicht unterwerfen können, dann schlägt die ›Bildungsgesellschaft‹ – wir haben im Einführungskapitel bereits darüber gesprochen – in ›Bildungsterror‹ um.

Viele Berufsbildungsangebote werden heute unter dem Motto der permanenten Selbstoptimierung angepriesen. Der Politologe *Michael Girkinger* hat einschlägige Programme dieser ›Bildungsszene‹ analysiert und kommt zu bedenkenswerten Schlüssen. Es seien die gesellschaftlichen Veränderungen, die dem Selbstbildungsmarkt den fruchtbaren Boden bereitet hätten, etwa der zunehmende Hang zum Individualismus, die Ausbreitung des therapeutischen Diskurses auch auf die Arbeitswelt (»Ein Coach für alle Fälle«), die Etablierung neuer Leitbilder wie jenes des »modernen Lebenskünstlers« nach dem Motto »Mach dein Ding«, die Ausbreitung neuer Zeit- und Selbstmanagementtechniken in der Beschleunigungsgesellschaft oder die Propagierung des »Selbstunternehmers« in der neuen Arbeitswelt.

Girkinger zeigt auf, dass sich auch die beruflichen Weiterbildungsprogramme einschlägiger Institute immer stärker diesem Trend der Selbstoptimierung geöffnet haben und entsprechende Kurse anbieten. Seriöse Weiterbildungsangebote müssten jedoch den Ideologiecharakter der Machbarkeitsrethorik sowie der Selbst-Managementdiskurse reflektieren. Die Persönlichkeit als »Rückzugsgebiet in politisch unsicheren Zeiten« könne nicht die Antwort sein. Die Chancen von Selbstentwicklung und Individualisierung seien in diesem Sinne (wieder) zu verbinden mit gemeinschaftlichem und solidarischem Engagement – in der Arbeitswelt ebenso wie in der Gesellschaftswelt, so Girkinger.

Zur beruflichen Weiterbildung würde demnach auch das Erlernen von Fähigkeiten gehören, sich ungerechtfertigten Zumutungen der Arbeitswelt zu widersetzen, sich zu wehren und sich mit anderen zu solidarisieren. Denn auch dies gehört zu einem guten Umgang mit sich selbst und – wenn man so will – zu Burnout-Prophylaxe.

## Lernen in komplexen Gesellschaften

Doch Bildung ist selbstredend bedeutend mehr als die Aneignung von Skills und beruflich verwertbaren Fähigkeiten. Zum einen geht es um die Chance für alle Menschen, sich in ihrer Persönlichkeit weiter zu entwickeln, zum anderen haben wir auch das Recht, uns in nicht unmittelbar verwertbare Wissensgebiete zu vertiefen. Und in einem erweiterten Sinne wird Bildung in der Weltgesellschaft des 21. Jahrhunderts bedeuten, uns den gemeinsamen Herausforderungen auf einem begrenzten Planeten zu stellen, was mit ›Bildung für nachhaltige Entwicklung und globalem Lernen‹ umschrieben wird.

Vier zentrale Aspekte nennt der Ökologe *Manfred Linz* für Lernen unter den komplexen Bedingungen der heutigen Weltgesellschaft:

Zu lernen sei *erstens* unsere langfristigen Interessen so ernst zu nehmen wie unsere kurzfristigen Interessen und unsere gemeinsamen Interessen wichtiger zu nehmen als unsere Einzelinteressen. *Zweitens* gelte es zu erkennen, dass wir Menschen auf diesem Planeten auf Gedeih und Verderb aufeinander angewiesen sind. *Drittens* seien wir angehalten, das Wohlergehen der Einzelnen wie der Gesellschaften unabhängig vom Wirtschaftswachstum zu suchen. *Viertens* schließlich gehe es darum, die schwindenden Möglichkeiten, »Probleme durch den Einsatz höherer Finanzmittel (also durch Geld schöpfen und Schulden machen) zu verschieben, nicht als ein Verhängnis zu erleiden, sondern mit alternativem Handeln aktiv zu gestalten, und diese Aufgabe zwar auch als einen Aufruf zur Veränderung des persönlichen Lebensstiles zu verstehen, in erster Linie aber als einen der ganzen Gesellschaft gestellten Auftrag anzugehen.«

Lernen heiße damit weniger, den Bestand zu erweitern, »sondern Gewohntes zu verlassen, auch gewohntes Wissen, Grenzen zu überschreiten, Neuland zu betreten«.

Lernen heiße in diesem Sinne auch »verlernen« und sich auf ein »Weniger« einzustellen. Viel mehr als gewohnt, sei das, »was Lebensgenuss bewirkt und Lebensglanz verleiht, als von Geld unabhängig zu erfahren«.

Linz spricht mentale Änderungen an, die über unmittelbar verwertbare Wissensaneignung weit hinausgehen. Neben die berufliche und persönliche Fortbildung müsste demnach eine Art politischer Bildung treten, die – getragen von einem Weltethos – in der Tat global orientiert ist.

## Dreidimensionales Wissenskonzept

Ich schlage ein *dreidimensionales* Wissenskonzept vor, das Zukunftsgestaltung zum Anliegen aller machen könnte. Niemand kann sagen wie die Zukunft wird, doch sind Vorstellungen darüber möglich, wie sie werden könnte. Zukunft ist somit immer gedanklich vorweggenommene Gegenwart. Und – das ist entscheidend – wir können uns fragen, welche Zukunft wir *wollen.* Die Zukunftsforschung beschreibt mögliche, wahrscheinliche, erwünschte und unerwünschte ›Zukünfte‹.

Alles Denken hat zudem mit bewussten und unbewussten Annahmen, Werten und Wünschen zu tun. Diese gilt es bewusst zu machen. Neben dem insbesondere aus den Naturwissenschaften kommenden *Verfügungswissen* brauchen wir auch das *Orientierungswissen*, das über das ›Wozu‹ und ›Wofür‹ Auskunft gibt – eine Domäne vornehmlich der Geisteswissenschaften, die im öffentlichen Diskurs wieder an Bedeutung gewinnen müssten.

Zukunft entwickelt sich schließlich nicht im herrschaftsfreien Raum, sondern ist Ergebnis jeweils bestimmter (historischer) Machtkonstellationen. Zukunft ist somit auch konflikthaft – unterschiedliche Interessen stoßen aufeinander. Neben der Frage, wie die Zukunft wird, spielt daher die Frage, wer die Zukunft macht, eine wichtige Rolle. Wir brauchen daher *Politische Bildung*, die über die formale Institutionenlehre hinausgeht.

*Zukunftslernen* bedeutet demnach dreierlei: *Analysewissen:* Verstehen, was ist und was auf uns zukommt. *Zielwissen:* Gemeinsames Erkunden, was sein soll und was wir selber wünschen. *Handlungswissen:* Gemeinsame Klärung und Aushandlung, wie wir die gewünschten Ziele erreichen können.

Für *partizipative Zukunftsgestaltung* folgt daraus: Teilhabe an der Analyse der Gegenwart (Partizipation an der Deutungsmacht über das ›Ist‹); Teilhabe an der Entwicklung von gewünschten ›Zukünften‹ (Partizipation an der Generierung des ›Soll‹); Teilhabe an der Erarbeitung und Umsetzung von Veränderungsprozessen (Partizipation an der Gestaltung des ›Wie‹).

Doch werden wir in der heutigen ›Informationsgesellschaft‹ auf diese Herausforderungen und Fähigkeiten vorbereitet? Ich befürchte: Nein.

## Fallen der Informationsgesellschaft

Die moderne Informationsgesellschaft weist offensichtlich Fallen auf. Zum einen erliegen wir der Überinformation – wenn tagtäglich Unmengen an Informationen – oder besser: Datenreizen – auf uns einprasseln ohne ordnenden Sinnzusammenhang, dann führt dies zu Desinformation. »Überinformation ist die beste Zensur«, meint *Adolf Muschg.* »Die Bilder sollen laufen, doch die Geschichte steht still«, so der Schweizer Schriftsteller. Und der schwedische Kommunikationsexperte *Thomas H. Erikson* ergänzt: »Die Knappheit an Information wurde abgelöst von der Knappheit der Freiheit von Information.« Medienvielfalt ist wichtig, aber nicht zu verwechseln mit einem möglichst bunt-schillernden, von Werbeinseraten finanzierten Schwall an Billig- oder Gratiszeitungen und sogenannten ›Privatsendern‹.

Die zweite Falle der Informationsgesellschaft liegt im Irrglauben, dass Wissen allein schon zum anderen Verhalten führen würde. Auszugehen ist vielmehr von einem mehrstufigen Prozess. Das Wissen gewinnt erst Bedeutung, wenn es ergänzt wird durch ein ›Sollen‹, also durch geänderte gesellschaftliche Normen und Werte, welche schließlich zu einem intrinsischen ›Wollen‹ führen können. Etwas anders tun zu wollen, z. B. sich nachhaltige Ernährungs- oder Mobilitätsmuster anzueignen, bedeutet aber wiederum noch nicht, dies auch zu können. Für das

›Können‹ braucht es zum einen die Einübung alternativer Routinen, zum anderen Rahmenbedingungen, die diese fördern (Anreize usw.). Schließlich brauchen wir neue Regeln, die für alle gelten, also das ›Müssen‹, weil ansonsten immer einige ausscheren. Wir tun nicht immer freiwillig das Richtige und es wirkt demotivierend, wenn nicht alle zur Verhaltensänderung angehalten sind!

Eine dritte Falle der Informationsgesellschaft mag darin liegen, dass gerade jene Phänomene, die zu Krisen führen, nicht wahrgenommen bzw. verdrängt werden. Krisen entstehen aus der sich vergrößernden Lücke zwischen Wirklichkeit und Wahrnehmung, so der Sozialwissenschaftler *Davide Brocchi.*

Der Experte sieht vier Hürden für komplexe Wahrnehmung: Menschen *können* nicht die ganze Wirklichkeit wahrnehmen (Komplexitätsreduktion), sie *wollen* es nicht (z. B. Konformitätszwang), sie *müssen* es nicht (Arbeitsteilung, Macht) und viertens *dürfen* sie es nicht (Geheimhaltung wichtiger Dinge, Ablenkung durch Unterhaltung und ›tittytainment‹).

Der Rechtswissenschaftler *Klaus Firlei* befürchtet gar, dass wir aufgrund der sich ausbreitenden Entertainmentblasen, ermöglicht durch das Internet und neue Formen der Bewusstseinstrübung, in ein »postrationales Zeitalter« schlittern könnten.

Wie lässt sich nun aber die kritische Wahrnehmungsfähigkeit schärfen? Brocchi spricht von »gesellschaftlichen Sinnesorganen«, die die Wachsamkeit und das »Empfinden des Schmerzes« fördern und nennt fünf Gruppen: die Zivilgesellschaft, die Künste, die Natur- und Geisteswissenschaften einschließlich eines investigativen Journalismus, des Weiteren die Migranten (!) als »Botschafter anderer gesellschaftlicher, kultureller und ökologischer Realitäten« sowie schließlich Pioniere und Subkulturen als »gesellschaftliche Labors«. Das heißt, das Lernen und Veränderung eher von den Rändern ausgehen würde.

## Emanzipatorische Wissensgesellschaft

Aufgabe einer emanzipatorischen sowie reflexiven Wissensgesellschaft wäre es demnach, die Krisenwahrnehmung zu verbessern, die Reaktionspotenziale zu erhöhen sowie kollektive Lern- und Wandlungsprozesse anzustoßen. Ein entscheidender Schritt liegt dabei in der Befähigung zum Tun, was durch experimentierendes, alternatives, gemeinschaftliches Handeln entsteht. ›Erkläre mir und ich vergesse. Zeige mir, und ich erinnere. Lass es mich tun und ich verstehe.‹ Diese konfuzianische Maxime ist wohl gut anwendbar auf die moderne Wissensgesellschaft.

Die Philosophin *Christine Ax* schreibt in ihrem Buch ›Die Könnensgesellschaft‹: »Wirklich wichtiges Wissen, das für unser Handeln relevant ist, können wir nicht beliebig vermehren. Jeder rein mengenmäßige Zugang zu Wissen geht an der Sache vorbei und erzeugt eine dumme Hektik, einen gefährlichen Stress, der uns unfähig macht, Wichtiges von Unwichtigem zu unterscheiden und die richtigen Entscheidungen zu treffen.«

Wissenswohlstand bedeutet demnach nicht, über möglichst viele Informationen zu verfügen, sondern über jene, die wir wirklich brauchen. Das Gebot der Beschränkung und bewussten Auswahl gilt für Information nicht weniger als für andere Güter. Neben dem demokratischen Zugang zu Wissen und Information kommt daher der Qualität der Informationen eine zentrale Bedeutung zu.

Wir leben freilich in einer Gesellschaft von Ablenkungen. Doch nicht Zerstreuung, sondern Konzentration ist angesagt – Konzentration auf Wirtschafts- und Lebensweisen, die dauerhaft aufrechterhalten werden können.

Große Hoffnungen werden in die *Neuen Medien* gesetzt. Das Internet trägt selbstredend zu einer Demokratisierung des Wissens bei, Initiativen haben die Möglichkeit, ihre Ideen und Projekte über das Netz einer breiten Öffentlichkeit vorzustellen. Social Media können dazu beitragen, Menschen zu vernetzen, Ideen auf sehr direktem Weg zu kommunizieren. Doch auch Internet und Facebook sind ambivalent. Nicht nur wegen der ausgedehnten Möglichkeiten der Überwachung, wie aktuelle Enthüllungen zeigen, sondern auch wegen der Gefahr der Vereinzelung sowie der Simplifizierung.

Die Netze sind ortlos, ihre Benutzer bleiben virtuelle Nomaden, solange sie sich nicht auch physisch organisieren. Über einen ›Gefällt mir‹-Button oder eine Online-Unterschriftenliste meine Zustimmung zu einem Anliegen kundzutun, reicht in der Regel nicht, um tatsächliche Veränderung zu bewirken. Die Publizistin *Kathrin Hartmann* bringt es auf den Punkt: Es sei viel leichter eine Facebook-Runde zu organisieren als eine Demonstration, an der 100.000 Menschen für eine Sache auf die Straße gehen, doch nur Letzteres habe gegenüber den Mächtigen in Wirtschaft und Politik Gewicht.

Gesellschaftliches Lernen passiert durch Aktion – durch die Mitwirkung an Projekten, durch zivilgesellschaftliches Engagement, durch das Sich-Einlassen auf differente Lebenswelten.

Somit brauchen wir auch neue Schulen, in denen Neugier, Interesse und Empathie für eine faire und nachhaltige Welt gefördert werden. Neben Lerninhalten, die auf der Höhe der Zeit sind, geht es wesentlich auch um neue Lernformen, die exemplarisches und kooperatives Sich-Vertiefen in Fragestellungen ermöglichen. Mittlerweile gibt es zahlreiche Beispiele für ›lebendige Schulen‹, die den ›toten Schulen‹, um die Begriffe des Unterrichtsexperten *Andreas Salcher* zu gebrauchen, den Rang ablaufen. Etwa die internationalen Reformschulen, die in dem Film ›Treibhäuser der Zukunft‹ von *Reinhard Kahl* porträtiert werden, oder die ›Schule der Achtsamkeit‹, die vom dänischen Familientherapeuten *Jesper Juul* entwickelt und in dem Film ›The 9. Intelligence‹ dargestellt wurde.

Die Frühkindpädagogin *Donata Elschenbroich* hat einen ›Wissenskanon für Siebenjährige‹ erstellt, der weit über Wissensbestände hinausweist, sondern vielmehr Fähigkeiten beschreibt, die im Handeln angeeignet werden. Neben alltagspraktischen Erfahrungen wie »auf einen Baum geklettert oder in einen Bach gefallen zu sein«, »etwas repariert zu haben« oder der »Aneignung elementarer Kochkenntnisse« finden sich in diesem Kanon auch Dinge wie »die Erfahrung, dass ein eigener Verbesserungsvorschlag in die Tat umgesetzt wurde«, jene, »andere ausreden zu lassen« oder jene, »ein Ziel vor Augen gehabt zu haben«. Es wäre lohnenswert, einmal einen solchen Wissenskanon für Erwachsene zu erstellen, der zukunftstauglich macht für das 21. Jahrhundert.

Doch hier wollen wir uns mit einer nochmaligen Bündelung dessen begnügen, was Bildungswohlstand heute ausmacht: In Erfahrung bringen, was uns wirklich angeht; uns aneignen, was uns klüger macht; gemeinsam mit anderen ins Tun kommen; die Neugier erhalten und immer wieder begreifen wollen, was in und um uns herum geschieht; Verantwortung übernehmen für sich und seine Mitmenschen; die Folgen des eigenen Tuns und Unterlassens erkennen; sich gemeinsam mit anderen für Regeln einsetzen, die ein gedeihliches Zusammenleben ermöglichen und auf Zukunftsverträglichkeit achten.

»Eigentlich braucht jedes Kind drei Dinge: Es braucht Aufgaben, an denen es wachsen kann, es braucht Vorbilder, an denen es sich orientieren kann, und es braucht Gemeinschaften, in denen es sich aufgehoben fühlt.« Was der Gehirn- und Lernforscher *Gerald Hüther* im Kontext von Erziehung und Schule formuliert, kann für menschliche Entwicklung generell angenommen werden. Demnach wären diese Ziele fördernde Rahmenbedingungen der beste Garant für eine tatsächliche Bildungsgesellschaft, in der alle ihre menschlichen Potenziale entfalten können.

Abschließend sei auf vier meines Erachtens *zentrale Kernkompetenzen* einer emanzipatorischen Bildung hingewiesen, die Persönlichkeitsentwicklung und berufliche Qualifikationen in ihrer Bedeutung nicht schmälern, aber über diese hinausweisen. Ihr Ziel sind wache, kritische und sich in die öffentlichen Angelegenheiten einbringende Bürgerinnen und Bürgern.

## Vier Kernkompetenzen

*Erstens: Nicht Wegschauen, sondern Hinschauen.*

Wir sind nicht an allem Elend in der Welt schuld. Aber es geht darum, nicht gleichgültig zu sein. Wir brauchen neben einer »Ethik der Nähe«, die unseren Nächsten gilt, auch eine »Ethik der Ferne« *(Wolfgang Sachs)* sowie das Interesse, sich über Lösungsansätze für wahrgenommene Probleme zu informieren.

*Zweitens: Wahrnehmen von Widersprüchen.*

Unsere Informations- und Mediengesellschaft treibt uns in eine tiefe Gespaltenheit. Alarmierenden Berichten über den sich zu spitzenden Klimawandel auf der Umweltseite folgen Berichte über Formel 1-Rennen auf der Sportseite – als hätte das eine nicht mit dem anderen zu tun. Ein anderes Beispiel: Eine stärkere Heranziehung der Vermögenden zur Finanzierung der öffentlichen Ausgaben wird mit dem Geschrei von weiteren ›Steuerbelastungen‹ abgewimmelt, ohne dass dabei gesagt wird, wen diese ›Steuerbelastungen‹ treffen würden und wen nicht. Solche Widersprüche wahrzunehmen, zählt wesentlich zu einem kritischen Bewusstsein.

*Drittens: Vernetztes Denken in längeren Zeiträumen*

Die Erhöhung technologischer Eindringtiefen sowie erst durch die (mediale) Globalisierung bewusst werdende soziale Spaltungen in der »Weltrisikogesellschaft« (*Ulrich Beck*) erfordern eine stärkere Antizipation der Folgewirkungen unseres Tuns sowie ein Denken in längeren Zeiträumen. In historischer Perspektive gesehen stellt etwa das Erdölzeitalter wohl nur eine sehr kurze Episode in der Menschheitsgeschichte dar.

*Viertens: Politische Lösungen einfordern*

Eigene Verhaltensänderungen in Richtung eines zukunftstauglichen Lebensstils sind wichtig. Doch wahrscheinlich noch wichtiger wird sein, dass sich immer mehr Bürger und Bürgerinnen kundig machen und sich einmischen, wenn es darum geht, neue politische Weichen zu stellen. Es geht darum, die Größe der Herausforderungen für ein friedliches 21. Jahrhundert zu erkennen und die notwendigen Schritte im Sinne des Gemeinwohls von den von uns Gewählten einzufordern – nichts anderes meint Demokratie (s. Kap. XI).

*Peter Euler*, Professor für Pädagogik an der TU Darmstadt, erinnert daran, dass eine an reflektierter Urteilsfähigkeit ausgerichtete Nachhaltigkeitsbildung im »Verstehen der Sachprobleme« (Ernährung, Energie, Wasser, Stadtentwicklung, Mobilität, Artenvielfalt usw.) und der »politischen Konstellationen« (globale Machtverhältnisse, multinationale Konzerne, Widerstandsbewegungen) gründet. Bildung erfordere damit vor allem Dinge zu hinterfragen: »Wer über Nachhaltigkeit reden will, darf über die Rahmenbedingungen falschen, nämlich fast ausschließlich auf Kapitalverwertung ausgerichteten Wirtschaftens nicht schweigen.« Und die Umweltdidaktikerin *Ulrike Unterbruner* weist auf die Gefahr der Verantwortungsdiffusion im Nachhaltigkeitsdiskurs hin. Wenn alle für alles verantwortlich seien, dann ist letztlich niemand verantwortlich.

## Elemente für Bildungswohlstand

*Bildungswohlstand* erfordert das Ansetzen in mehreren Bereichen und seitens unterschiedlicher Akteure und Akteurinnen. Wir brauchen Lehr- und Lerninhalte an Schulen, Hochschulen und Universitäten, die auf der Höhe der Zeit sind – und entsprechende Vermittlungsformen, wobei die Fähigkeit, Themen authentisch, engagiert und mit der nötigen Ernsthaftigkeit anzugehen, wohl am wichtigsten ist. Neben der Fähigkeit, die richtigen Fragen zu stellen.

Wir brauchen aber auch Medien, die informieren, Zusammenhänge aufzeigen und auch Interessenskonflikte darlegen. Alternative Informationsquellen wie das Projekt ›N21‹, das mit ›Nachrichten für das 21. Jahrhundert‹ umschrieben werden kann, kritische Informationsdienste wie *Germanwatch*, *Financewatch* oder *Foodwatch* sowie NGOs wie *attac*, *Transparency International* u. v. a. mehr sind wichtig. Wir haben aber auch das Recht auf ausgewogene und ausführliche Information durch die aus öffentlichen Mitteln geförderten Massenmedien und sollen uns für dieses Recht einsetzen.

Nicht zuletzt findet Bildung – wie bereits angedeutet – wesentlich auch im Sich-Einbringen-Können in konkreten Projekten und Initiativen statt. Diese bekannt zu machen im Sinne von *Good News* ist ein wichtiges Ziel einer zukunftsfähigen Informationskultur. Mittlerweile existieren zahlreiche Projektedatenbanken im Internet – stellvertretend hingewiesen sei auf die *Stiftung Futur 2*, die Best Practice-Beispiele sammelt und öffentlich zugänglich macht. In der *Robert-Jungk-Bibliothek für Zukunftsfragen* haben wir mit dem ›Salzburger Atlas Nachhaltige Entwicklung‹ ein ähnliches, lokales Projekt gestartet.

# Kapitel XI: Demokratiewohlstand. Oder: Mitdenken und mitgestalten

Glaubt man Meinungsumfragen, so ist es nicht besonders gut bestellt um den Ruf der Politik. Der Glaube an die Lösungskapazitäten der politischen Parteien schwindet, Skandale und Korruptionsaffären tun das ihre dazu, die Politikverdrossenheit zu schüren. Dies obwohl bei uns der materielle Wohlstand nachweislich für die Mehrheit der Menschen in den letzten fünfzig Jahren deutlich zugenommen hat.

Nun gibt es in der Tat reale Gründe für die zunehmenden Zweifel gegenüber politischer Steuerungsfähigkeit. Der steigende Komplexitätsdruck, die so genannten Sachzwänge, der Verlust an Entscheidungsmacht aufgrund der Verlagerung politischer Regulierung auf suprastaatliche Instanzen, z. B. die EU, das Ausgeliefertsein an eine nur mehr an Gewinnmaximierung orientierte Wirtschaft der Konzerne – all das wird als Argument für den Verlust an Gestaltungsmacht der Politik angeführt.

Die Folge sind ein sich breit machender Fatalismus, ein Unbehagen, das sich im Schimpfen gegen die ›da oben‹ oder die ›da unten‹, also sozial Schwächere, Abfuhr verschafft.

Politikverdrossenheit ist jedoch gefährlich. Denn wer sonst als die Politik kann der Wirtschaft jenen Rahmen setzen, der sie auf soziale und ökologische Ziele verpflichtet. Wer sonst als die Politik kann es schaffen, einem zunehmenden Auseinanderdriften von Einkommen und Vermögen entgegenzuwirken, um so Verteilungs- und Chancengerechtigkeit für alle herzustellen.

Vielleicht ist die Politik auch Opfer ihres eigenen Erfolgs geworden? Denn historisch gesehen ist unser heutiger Wohlstand, wie wir bereits gesehen haben, wohl einzigartig. Werden die Errungenschaften seit den 1950er-Jahren bei den heute jungen Generationen als (zu) selbstverständlich genommen? Rührt daher die Unzufriedenheit mit der Politik? Und hängt diese auch damit zusammen, dass in der Öffentlichkeit vornehmlich das Negative aufgegriffen wird, da das Positive als selbstverständlich gilt? Gefühlte und reale Lage driften offensichtlich auseinander.

Der österreichische Journalist *Christian Ortner* fordert daher pointiert: ›Hört auf zu weinen‹. Ich folge dem in Vielem sehr neoliberal argumentierenden Autor keineswegs in allem – etwa teile ich nicht die Angst Ortners, dass unsere Jugend aufgrund zu geringer Leistungsanforderungen gegenüber jener Asiens zurückfallen werde –, doch das sich breitmachende Anspruchsdenken in den Wohlstandsgesellschaften ist durchaus zu problematisieren. Denn das Leben besteht nicht nur aus Rechten, sondern auch aus Pflichten, was gerade im Kontext nachhaltiger Entwicklung von Belang ist.

Um nicht missverstanden zu werden: Es geht keineswegs um die Unterbindung von Kritik an der Politik. Ich plädiere jedoch für eine ausgewogene Betrachtung: in globaler Perspektive leben wir hier auf der Butterseite des Planeten. Und mit einer Portion historischem Wissen müssen auch die Vorzüge und Errungenschaften, die wir in unseren Wohlstandsgesellschaften genießen, plausibel erscheinen.

Wenn der Wohlstand gestiegen ist, aber die Unzufriedenheit auch, dann erscheint dies nicht nur widersprüchlich, es wirft auch folgendes Problem auf: Mit der Kritik an den Parteien, mit den Negativdiskursen etwa über das Steuer-Zahlen und der generellen Abwertung alles Staatlichen wird das Fundament des erreichten Wohlstands untergraben, nämlich ein handlungsfähiger Staat.

Die Abwertung des Politischen spielt somit jenen in die Hände, die die Errungenschaften des modernen Sozialstaats lieber gestern als heute wieder zurückgedrängt sehen wollen, die von der erneuten Spreizung der Einkommens- und Vermögensverhältnisse profitieren. Die Warnung des britischen Politikwissenschaftlers *Colin Crouch* vor der »Postdemokratie« meint wesentlich diese Entmachtung der Politik durch die großen Konzerne und die mächtigen Finanzakteure in der Wirtschaft.

Das Ohnmachtsgefühl, das heißt das Gefühl ohne Macht zu sein, das eigene Leben(sumfeld) zu gestalten, hängt freilich auch zusammen mit der zunehmenden Vereinzelung. Solidarität wird untergraben durch die Ideologie der Ellbogen-Gesellschaft – für die Psychoanalytikerin *Thea Bauriedl* der eigentliche Rechtsruck unserer Gesellschaften. Die so genannte Unterhaltungsindustrie lenkt uns ab von den Fragen, die uns wirklich betreffen (siehe Kap. *Bildungswohlstand*).

Die Belebung der Demokratie braucht daher zweierlei: offene, konstruktive Debatten über die Notwendigkeit und Inhalte von Politik sowie das Ausweiten von Mitbestimmungsmöglichkeiten für die Bürger und Bürgerinnen jenseits der Parteiendemokratie.

Demokratiewohlstand meint in diesem Sinne ein positives Verhältnis zur (Partei)-Politik sowie die Rückverlagerung von Entscheidungen in die Nahräume der Menschen. Eine Regionalisierung des Lebens und Wirtschaftens sowie eine bereits ausgeführte ›Renaissance der Orte‹ – und nicht noch mehr ökonomische Globalisierung – sind daher angesagt. Wir brauchen neue Partizipationsforen in den Unternehmen, in den Kommunen und Stadtteilen sowie neue Formen direkter Demokratie.

Freiheit bedeutet ja nicht, zwischen möglichst vielen Markenartikeln wählen zu können, sondern selbst an der Gestaltung der Gesellschaft, in der wir leben wollen, mitwirken zu können. Wirtschaftsdemokratie darf dabei nicht auf Konsumentenentscheidungen reduziert werden, sondern meint auch die Mitbestimmung der Belegschaften in den Betrieben. Gewerkschaftliches Engagement muss in diesem Sinne über das legitime Einfordern fairer Löhne hinaus auch Aspekte der Unternehmensführung einschließen.

Demokratiewohlstand wäre demnach: Was uns gut vertritt. Was uns mitdenken lässt. Was uns mitgestalten lässt. Was alle Menschen einbindet.

Partizipation bedeutet ein gemeinsames Fragen-Stellen und Antworten-Suchen. Es geht dabei nicht darum, dass alle immer über alles abstimmen sollen. Arbeitsteilung macht den Erfolg der modernen Wirtschaft aus. Sie ist auch in der Politik nötig. Denn unmöglich können sich alle Bürger und Bürgerinnen in alle Materien, die zur politischen Entscheidung anstehen, einarbeiten.

Das Konzept der Direkten Demokratie besagt nicht, dass alles dem Volk zur Abstimmung vorgelegt werden muss, was an Gesetzen beschlossen wird. Doch es verlangt, dass wichtige Richtungsentscheidungen plebiszitär getroffen werden. Dinge, die gegen die Menschenrechte oder den Gleichheitsgrundsatz verstoßen, sind wiederum in der Direkten Demokratie von Abstimmungen auszuschließen, was diese vor Missbrauch schützt.

## Demokratisierung der Demokratie

Die ›Demokratisierung der Demokratie‹, die eine neue und feinere Verteilung der Macht erfordert, sei ohne aktives Mittun und Handeln der BürgerInnen nicht möglich, so der Schweizer Politikwissenschaftler *Andreas Gross*. Direkte Demokratie ist dabei auch ein Lernprozess, denn Abstimmungen gehen ja immer öffentliche Diskurse und ein Abwägen von Pro- und Contra-Argumenten voraus.

Nur ein republikanisches Selbstverständnis der Bürger und Bürgerinnen kann plutokratischen Herrschaftstendenzen entgegenwirken. Bereits *Pierre Bourdieu* hat auf den Doppelcharakter von sozialem Kapital hingewiesen, wenn er mit diesem die besseren sozialen Beziehungen der Reichen auch zu den Zentren der Macht beschrieben hat. Zum finanziellen Kapital (Geld) und dem kulturellen Kapital (Bildung) komme eben das soziale Kapital (Beziehungen) der Bessergestellten.

Eine Schweizer Studie des Sozialwissenschaftlers *Uli Mäder* mit dem vielsagenden Titel ›Wie Reiche denken und lenken‹ zeigt, dass bei Vermögenden informeller Einfluss auf die Politik als selbstverständlich angenommen wird (›Wir wissen, was für die Gesellschaft gut ist‹) und dass sich Reiche konzentriert an den Schalthebeln der Wirtschaft finden, etwa in Aufsichtsräten von Konzernen, was der Absicherung und dem Ausbau der eigenen wirtschaftlichen Macht dient.

Eine Studie des *Göttinger Instituts für Demokratieforschung* unter dem Titel ›Entbehrliche der Bürgergesellschaft‹ wiederum kommt zum Ergebnis, dass es unter sozial Benachteiligten zwar gegenseitige Hilfe vor Ort durchaus gibt, die politische Partizipation jedoch sehr gering ist, was sich negativ auf deren politische Vertretung auswirke. Gesehen wird die Gefahr einer Spaltung der Gesellschaft: Während auf der einen Seite die modernen Bürger und Bürgerinnen ihre Interessen über zivilgesellschaftliche Arbeit in den staatlichen Entscheidungsprozess einbringen können, verabschieden sich die gesellschaftlich Benachteiligten samt ihrer ganz anders gelagerten Bedürfnisse aus der öffentlichen Wahrnehmung, wie mein Kollege *Stefan Wally* an Befunden zu Salzburg herausgestellt hat.

Fazit: Die Bessergestellten haben in der Regel immer auch die bessere politische Vertretung – eine Klassenschranke, die auch in der Demokratie geblieben ist. Nur wenn es gelingt, die angesprochenen Netze der Privilegien zu durchkreuzen (als ersten Schritt, diese bewusst zu machen) und zugleich neue Solidarisierungen in der eigenen sozialen Schicht und auch mit den sozial stark Benachteiligten herzustellen, können die bestehenden Machtverhältnisse aufgebrochen werden. Dafür braucht es auch mehr öffentliche Debatten und Plebiszite über Wirtschafts- und Verteilungsfragen.

Wir fassen zusammen: Zusammenleben funktioniert nur auf der Basis von Regeln. Auf gesellschaftlicher Ebene ist es Aufgabe der Politik, diese Regeln festzulegen. Ausgehandelt werden die Rechte und Pflichten, an die wir uns als Bürger und Bürgerinnen oder als Unternehmer und Unternehmerinnen halten müssen. Demokratie bedeutet zunächst, dass wir Menschen bzw. Parteien wählen, die politische Angelegenheiten für uns regeln. Das erfordert Vertrauen in das politische System und die Bereitschaft möglichst vieler, auch aktiv in Parteien mitzuwirken.

Zu Demokratiewohlstand gehört aber auch, dass wir uns jenseits der Parteienstrukturen selbst einbringen können, dass es Möglichkeiten des Mitdenkens und Mitgestaltens gibt, etwa in Zukunftswerkstätten, im Stadtteil, im Betrieb, in der Schule.

Die vielen Initiativen, die sich für Menschenrechte, Tierschutz, die Umwelt, eine faire Finanz- und Wirtschaftsordnung u.a.m. einsetzen, sind zu einem wichtigen Bestandteil einer engagierten Zivilgesellschaft geworden, die das politische Geschehen konstruktiv bereichern und die Demokratie beleben. Aber die Zivilgesellschaft kann die parlamentarische Demokratie nicht ersetzen. Eine nachhaltige Weltentwicklung ist nur möglich durch das Zusammenwirken von Politik, Zivilgesellschaft und aufgeschlossenen Unternehmen, die soziale und ökologische Leitplanken im Auge haben. Wir müssen von der ›Philosophie der Nachhaltigkeit‹ zum ›Recht der Nachhaltigkeit‹ kommen, so der Verfassungsexperte *Felix Ekardt*. Dafür brauchen wir nicht weniger, sondern mehr Politik!

Auch der Umweltpsychologe *Alexander Keul* fordert in einem Zeitungsbericht mehr Politik. Er spricht vom Phänomen der ›Reaktanz‹. Wenn in den Medien bildlich und schriftlich seit vielen Jahren Katastrophen heraufbeschworen werden, Missionare unterwegs sind und Bürger mit Schuldzuweisungen traktiert werden, dann entwickeln sie, so Keul, eine Abwehrhaltung: Die Leute wollten keine Moralpredigten mehr, sondern konkrete Handlungsschritte der Politik.

Das führt uns zum abschließenden Kapitel, in dem es um neue Regeln für alle gehen wird.

# Ausblick
# Ein neuer Wohlstand des Genug braucht neue Regeln für alle

Aufgabe der Politik ist es, Rahmenbedingungen für eine gedeihliche Zukunftsentwicklung zu schaffen. Das Subsystem der Politik steht dabei jedoch nicht *über* den anderen Subsystemen wie Wirtschaft, Kultur, Medien oder Zivilgesellschaft, sondern in Wechselwirkung mit diesen. Und auch innerhalb des politischen Systems gibt es unterschiedliche Wahrnehmungen von Problemen und naturgemäß auch von Interessenslagen – wiewohl das alte Lager- bzw. Klassendenken an Bedeutung verliert.

Schon früh haben sich die Sozialwissenschaften mit der Frage beschäftigt, wie und wann sich Gesellschaften verändern, unter welchen Bedingungen sozialer Wandel möglich ist.

»Es ist nicht das Bewusstsein der Menschen, das ihr Sein, sondern ihr gesellschaftliches Sein, das ihr Bewusstsein bestimmt.« Mit diesem Diktum hat *Karl Marx* in seiner ›Kritik der politischen Ökonomie‹ die Hoffnungen der Aufklärung sowie des Humanismus zerstäubt, dass mehr Bildung zur Veränderung der Verhältnisse führe.

Vielmehr seien es diese, die das Denken und Wahrnehmen der Menschen prägten.

Marx hatte auf die Karte sich ändernder Produktivkräfte gesetzt, die zur Umwälzung der politischen Verhältnisse führen würden. Als Beispiel galt ihm der Prozess der Industrialisierung, der das Bürgertum stärkte, welches sich der alten, nun überkommenen Ordnung des Feudalsystems entledigte. Marx′ Überzeugung, dass im Zuge der Steigerung der Produktivkräfte letztlich die Arbeiter und Arbeiterinnen sich gegen ihre Ausbeutung erheben und selbst die Produktionsmittel in die Hand nehmen würden, also die Fabriken, trat freilich so nicht ein.

Die sozialistischen Bewegungen haben zwar dazu geführt, dass die Arbeitnehmer sukzessive mehr Rechte bekamen, aber diese blieben eben ›Arbeit-Nehmer‹. Die Arbeitenden eigneten sich nicht die Produktionsmittel an, sondern sie wurden befriedet mit immer mehr Konsummitteln, was zur Festigung des Kapitalismus geführt hat.

Einer der ersten Großindustriellen, der erkannt hatte, dass die Arbeiter und Arbeiterinnen die von ihnen produzierten Autos nur kaufen können, wenn sie genug Lohn erhalten, war *Henry Ford.* Das Regime des Konsumkapitalismus wird daher auch als ›Fordismus‹ bezeichnet. Die von manchen befürchtete Erosion dieses Deals im Zuge der Abwanderung großer Teile der Industrieproduktion in Billiglohnländer (›Postfordismus‹) tritt nur bedingt ein.

Auch wenn die politische Macht der Industriearbeiterschaft bei uns geschwächt wurde, was sich etwa an der starken Zunahme von prekären Arbeitsverhältnissen oder an der Abnahme der Gewerkschaftsmitglieder ablesen lässt, so ›braucht‹ der Kapitalismus weiterhin Konsumenten und Konsumentinnen. Er findet diese derzeit in den neuen Schwellenländern, wo beispielsweise Autos oder Handys an eine sich entwickelnde Mittelschicht verkauft werden können. Kaufkräftige Gesellschaftsmitglieder sind aber weiterhin auch in den Wohlstandsländern die Voraussetzung für das Funktionieren des Systems, was ja der Hintergrund jeder staatlichen Konjunkturpolitik ist.

Der Kapitalismus frisst nicht seine Kunden, wie manche befürchten, er muss diese weiter bei der Stange halten. Doch anders als in der Zeit des Frühkapitalismus stellen sich heute neue Herausforderungen.

Abgeschwächtes Wachstum führt zu Verteilungskonflikten auf höherem Niveau. Die drohenden Umweltkatastrophen verlangen nach einer Begrenzung oder gar Schrumpfung der Konsumansprüche. In globaler Perspektive sind die Lohnabhängigen bei uns nicht mehr ausgebeutete Opfer, sondern gehören tendenziell zu den ›Tätern‹, was eine differenziertere Interessenspolitik erfordert und Umsteuerung komplexer macht.

## Sozialer Wandel

Gesellschaftliche Umbrüche gab es in der Geschichte immer dann, wenn Gruppen von Menschen danach trachteten, sich aus Unterdrückung zu befreien und ihre materielle Lage zu verbessern. *Friedrich Fürstenberg* zeigt in seinem Lehrbuch ›Soziologie‹ Modelle für sozialen Wandel seit den Anfängen der sozialwissenschaftlichen Forschung.

So hat der Historiker *Arnold J. Toynbee* seine Theorie des sozialen Wandels mit der Vorstellung vom Kampf ums Dasein verbunden. Toynbee ging bei der Untersuchung alter Kulturen vom Prinzip von ›challenge and response‹, also Herausforderung und Antwort, aus. So sei das Entstehen der altägyptischen Kultur auf die Herausforderung der immer wiederkehrenden Trockenperioden zurückzuführen, die durch eine adäquate Ausnutzung der Wassermassen des Nils mittels ausgeklügelter Bewässerungssysteme überwunden wurde.

Bekannt ist die Veränderung von Gesellschaften durch technologische Innovationen – von der Entwicklung der Schrift über jener des Buchdrucks bis zum heutigen Internet, von der Erfindung des Pflugs, der zur Sesshaftigkeit führte, über die Energiegewinnung aus Wasser- und Windrädern etwa für das Mahlen des Getreides bis hin zu den heutigen modernen Maschinen, die mittels Elektronik immer komplexere Aufgaben erfüllen können. Der Ökonom *Nikolaj* D. *Kondtratieff* hat die Theorie der Kopplung wirtschaftlicher Aufschwünge an neue technologische Erfindungen entwickelt. Man spricht daher von ›Kondratjeffschen Wellen‹, die von Technik-Innovationen ausgelöst werden.

Dazu passt die von Fürstenberg referierte Theorie des ›cultural lag‹, der gemäß die sozialen und rechtlichen Anpassungen immer den technologischen Entwicklungen hinterherhinken würden. Im 19. Jahrhundert waren dies die arbeitsrechtlichen Bedingungen, die erst zeitverzögert der Expansion der industriellen Produktionsweise folgten. Als aktuelle Beispiele gelten etwa Vorschriften zur Regulierung von Finanzgeschäften, die aufgrund des Internets eine enorme Ausweitung erfahren haben, oder rechtliche Sicherungssysteme im Bereich des Datenschutzes.

Eine wichtige Rolle im Kontext sozialer Veränderungen spielen die Fähigkeit zur Mobilisierung und Aktvierung der Bevölkerung bzw. Teile von dieser. Für *Amitai Etzioni*, einem von Fürstenberg zitierten Vertreter des Kommunitarismus, ist Mobilisierung ein »Prozess, durch den latente Energie aus der Sicht der Handlungseinheit für kollektive Aktion verfügbar gemacht wird« und »durch den eine Einheit merklich Kontrolle über Aktivposten gewinnt, die sie bisher nicht kontrollierte«.

Als Beispiel könnten hier die Umweltbewegungen seit den 1960er-Jahren genannt werden, die das Thema Umweltverschmutzung auf die öffentliche Agenda gesetzt haben. Ebenso gilt dies für die Frauenbewegungen der 1980er-Jahre, die für die Benachteiligung von Frauen im privaten wie öffentlichen Leben sensibilisiert, oder die Friedensbewegungen, die sich für eine Ächtung und Abrüstung der Atomwaffen engagiert haben.

Untersucht wurden selbstverständlich auch gesellschaftliche Bedingungen, die zu *Revolutionen* führen. Ein markantes Ergebnis dabei: Nicht fortschreitende Verelendung, sondern enttäuschte Erwartungen jener, die bereits über gewisse Rechte verfügen, würden die Entstehung revolutionärer Bewegungen fördern. Während extreme und stabile Armut lediglich zu Resignation und Verzweiflung führe, erzeuge die Bedrohung wachsender Erwartungen Empörung, so Fürstenberg: »Revolutionärer Wandel setzt demnach Bewusstseinsstrukturen voraus, die durch nachhaltige Enttäuschungserlebnisse geprägt wurden.«

Die Konfliktforschung sagt uns, dass die Kriegsgefahr vor allem in Ländern steigt, in denen die herrschenden Eliten die Wohlstandserwartungen sich emanzipierender Bevölkerungsschichten nicht (schnell genug) erfüllen können und der Zorn der Menschen auf einen Außenfeind gelenkt wird.

Das gilt wohl für das Deutschland vor dem Ersten wie vor dem Zweiten Weltkrieg und könnte heute in Schwellenländern wie Indien, China oder Russland zur Gefahr für neue Kriege werden, wie der zunehmende militärische Nationalismus in diesen Ländern zeigt.

Während in den Ländern aufholender Entwicklung durchaus revolutionäre Konstellationen entstehen können – der »Arabische Frühling« ist beispielsweise von enttäuschten Mittelschichten ausgegangen und hat dann auch die ärmeren Bevölkerungsgruppen erfasst –, so sind diese in den Wohlstandsländern wohl nicht zu erwarten. Vielmehr ist eine nationalistische Abschottungspolitik, etwa des reichen Europas gegenüber den Rändern, zu befürchten, wie der Zustrom zu Rechtsparteien zeigt. *Ulrich Beck* sprach früh von »Wohlstandschauvinismus«.

Im Kontext einer sozialen und ökologischen Umsteuerung in globaler Perspektive sind die Mobilisierungspotenziale offensichtlich dünn. Dieses Engagement wird bislang vor allem von anwaltschaftlich agierenden Nicht-Regierungs-Organisationen wahrgenommen, die keine Mehrheiten hinter sich haben.

Dies macht die Umsteuerung schwer, aber es bleibt kein anderer Weg, als an dieser dran zu bleiben. Das räumliche wie zeitliche Auseinanderklaffen von Ursachen und Folgen in der global vernetzten Welt gilt dabei als zentrale Ursache für das Nicht-Handeln bzw. für das Verharren in lediglich symbolischen Aktionen.

## Große Transformation

Wir stehen hinsichtlich einer nachhaltigen Entwicklung freilich nicht am Anfang. Doch die Kluft zwischen Nachhaltigkeitsrhetorik und konkretem Tun ist noch immer groß. Daran ändert auch der Erfolg der UN-Klimakonferenz in Paris nichts (wenn es denn einer war!). Alle Trends in allen relevanten Bereichen weisen nach wie vor in eine nicht nachhaltige Richtung. Mehr als weitere Befunde brauchen wir daher konkrete Roadmaps, Strategien und Pläne für die anstehende ›große Transformation‹, von der der Wissenschaftliche Beirat für Globale Umweltveränderungen (WBGU) der Deutschen Bundesregierung in einem Gutachten spricht. Die Autoren hoffen auf ›Pioniere und Pionierinnen des Wandels‹ – Vorreiter, die neue Ansätze erproben, ›Change Agents‹, die durch die Politik unterstützt werden sollen. Gehofft wird auf eine ›transformative Forschung‹ ebenso wie auf eine ›transformative Bildung‹ und damit auf kritische Bürger und Bürgerinnen, die den Wandel einleiten.

Es stellt sich die Frage, ob der im Gutachten geäußerte Optimismus berechtigt ist. Dazu gehört auch die Reflexion über Barrieren des Wandels, denn alarmierende Befunde und plausible Szenarien des Übergangs in nachhaltige Gesellschaften gibt es schon seit mehreren Jahrzehnten, ohne dass diese bislang substanzielle Veränderungen angestoßen hätten.

In Kürze seien drei Thesen genannt, warum die notwendigen Veränderungen aus meiner Sicht bislang nur sehr stockend vorangingen:

- *These 1:* Das Thema Nachhaltigkeit wurde viel zu lange nur als Appell an die Bürger und Bürgerinnen zur Verhaltensänderung kommuniziert.
- *These 2:* Öko-Institute haben zwar kluge Analysen und Zukunftsleitplanken vorgelegt, Politik und Wirtschaft folgten jedoch den Mainstream-Instituten der Wirtschaftsforschung.
- *These 3:* Das magische Trio ›Wachstum – Beschäftigung – Wohlstandsmehrung‹ bestimmt(e) das Geschehen der Wirtschaftspolitik sowie der öffentlichen Wahrnehmung.

Vier Zukunftsstrategien könnten diesem Dilemma abhelfen:

- *Strategie 1:* Ökoinnovationen setzen sich nur durch, wenn sie sich rechnen. Dies erfordert eine Verteuerung der Ressourceninputs sowie der Emissionen (Abfälle).
- *Strategie 2:* Ansätze der Selbstorganisation (Bottom up) sowie der politischen Regulierung (Top down) können und müssen einander ergänzen.
- *Strategie 3:* Ressourcenleichte Lebensstile der Suffizienz können und müssen durch politische Rahmenbedingungen gefördert werden.

- *Strategie 4:* Nachhaltige Wirtschaftsstrukturen führen in eine Postwachstumsgesellschaft. Diese gelingt nur mit einer *doppelten* Umverteilung: von den hohen zu den niedrigen Einkommen sowie vom privaten zum öffentlichen Konsum.

*Was heißt das für die Arbeit von Umweltverbänden und die Zivilgesellschaft?* Die Frage nach dem guten Leben ist noch offensiver zu stellen. Zudem kommen wir nicht umhin, auch auf die Notwendigkeit von Begrenzungen hinzuweisen. Ich wiederhole es: Als Bürger und Bürgerinnen haben wir nicht nur *Rechte*, sondern auch *Pflichten.* Nachhaltigkeit ist kein Kuschelkurs. Widersprüche müssen benannt und konsistente Strategien eingefordert werden. Dass auf den Umweltseiten der Zeitungen zwar immer wieder warnende Berichte über den Zustand des Planeten erscheinen, auf den Wirtschaftsseiten aber weiterhin das Hohe Lied des Wachstums angestimmt und in Tourismusjournalen Fernreisen zu Billigstpreisen feilgeboten werden, muss eine Ende finden.

Umweltverbände haben schon immer wertvolle politische Lobbyarbeit für Nachhaltigkeit geleistet. Ein wesentlicher Teil der Jugend- und Bildungsarbeit muss daher werden, die Notwendigkeit politischen Engagements zu vermitteln. Erlebnisorientierte Events sind wichtig, Projekte des Selbermachen-Könnens wertvoll – aber beides ersetzt nicht politisches Engagement. Nachhaltigkeitsbildung ist wesentlich Politische Bildung.

Die Frage nach dem rechten Maß und den richtigen Zielen bezieht sich auf den eigenen Lebensstil und geht daher jeden und jede an. Notwendig sind aber auch die entsprechenden Rahmenbedingungen, damit ›das gute Leben einfacher wird‹, wie dies der Präsident des Wuppertal-Instituts *Uwe Schneidewind* und die ehemalige BUND-Vorsitzende *Angelika Zahrnt* in ihrem gleichnamigen Buch über ›Suffizienzpolitik‹ ausdrücken.

Der bereits zitierte Ökologe *Manfred Linz* hat meines Erachtens gut herausgearbeitet, wann Menschen zur Veränderung bereit sind. Ich erlaube mir eine Einschätzung der gegenwärtigen Lage dazu.

Das Verhalten wird nach Linz verändert, wenn eigener Schaden befürchtet wird bzw. bereits eingetreten ist. In den aktuellen Krisen ist dies bislang nur bedingt der Fall, die Folgen werden weitgehend externalisiert oder in die Zukunft verschoben. Das Verhalten wird verändert, wenn aus dem neuen Verhalten Vorteile erwachsen. Diese sind derzeit am ehesten immaterieller Natur – z. B. weniger Stress durch ein genügsameres Leben, die ökonomischen Anreize sind immer noch auf nicht nachhaltiges Verhalten gerichtet. Linz nennt als weitere Bedingungen, dass Änderungen einsichtig gemacht werden und alle zu gerechten Anteilen treffen müssen.

Dies ist leider keineswegs umgesetzt: die öffentlichen Debatten über Nachhaltigkeit sind widersprüchlich und halbherzig; verursachergerechte Sanktionen fehlen ebenso wie bindende Regeln für alle.

Die größte Lehre, die ich aus meiner langjährigen Beschäftigung mit Nachhaltigkeitsfragen ziehen kann, ist, dass wir zu stark auf Aufklärung und Bewusstseinsbildung gehofft haben. Mit warnenden Befunden vermeinten wir die Menschen wachzurütteln, doch eingetreten ist eher ein Gewöhnungseffekt. Schlagzeilen sind leider rasch vergessen. Mit brisanten Zahlen hofften wir den Umschwung auch bei denen, die nur an Zahlen glauben, herbeizwingen zu können – ich habe ja auch in diesem Buch wieder solche gebracht. Zahlen verändern aber offensichtlich keine Menschen – oder nur dann, wenn sie einen unmittelbar betreffen, etwa über die eigene Brieftasche. Und auch schockierende Bilder – sei es von verhungernden Kindern oder von dramatischen Naturkatastrophen, die ja in den letzten Jahren stark zugenommen haben – vermögen offensichtlich den Impuls zur Veränderung nicht anzustoßen.

So setze ich nun auf zwei Strategien, die in den Ausführungen hoffentlich deutlich gemacht werden konnten: *Erstens* auf Veränderungen, die uns selber gut tun und die wir gerade deswegen angehen, *weil* sie uns gut tun, ohne dass wir dabei an die Rettung der Welt denken. *Zweitens* auf politisches Engagement, das aus dem Impuls demokratischer Verantwortung auf die Stärke des Rechts setzt, das neben Rechten auch Pflichten auferlegt.

»Das Recht erreicht zwar nicht die Herzen der Menschen, aber es begrenzt die Macht der Stärkeren«, *so Martin Luther King.* Sich politisch für andere Gesetze zu engagieren, mag weniger lustbetont sein als etwa das Mitmachen in ganz praktischen Projekten, wird aber auf die Dauer mehr erreichen, ohne – dies sei nochmals gesagt – das eine gegen das andere ausspielen zu wollen.

Der Rechtswissenschaftler *Klaus Firlei* befürchtet, dass das Engagement von zivilgesellschaftlichen Gruppen einfach vom System absorbiert werden könnte, wenn es nicht gelingt, rechtliche Änderungen zu erwirken. Positiv formuliert: »Recht und insbesondere Verfassungen entscheiden darüber, ob, wie und in wessen Interesse gestaltet werden kann, aber auch darüber, wie stark jene Kräfte sind, die nicht aktiv gestalten, sondern nur ′wirken′.«

Wir brauchen in Zukunft (wieder) mehr Menschen, die sich politisch organisieren. Das erfordert strategisches Denken, das genaue Analysieren von Machtverhältnissen und auch einen eigenen Willen zur (Gestaltungs-)Macht! Tolle Ideen ohne Aussicht auf Umsetzungschancen bleiben nutzlos. ›Gut gemeint‹ kann das Gegenteil von ›Gut‹ sein, wenn es Machtfragen ausblendet und von konkreten Strategien des Wandels ablenkt.

Abschießend sollen daher nochmals zentrale Handlungspfade zusammengefasst werden, die bewusst politische Maßnahmen auf allen Ebenen in den Mittelpunkt stellen. Denn ein nachhaltiges Leben in einer nachhaltigen Wirtschaft erfordert ein *mehrdimensionales* Vorgehen. Die Liste ist nicht vollständig und das Aufzählen der Maßnahmen natürlich noch nicht deren Umsetzung, aber ein Anfang dazu.

## Individuelle Zukunftspfade

*Ein anderer Lebensstil:*

- Begrenzen wir uns auf das, was wir wirklich brauchen und begreifen wir dies als Befreiung vom Überfluss.
- Achten wir auf langlebige Güter, mit denen wir wieder ›Freund‹ werden können und bewerten wir dabei Lebensqualität sowie den Begriff des Verzichts neu.
- Erkennen wir Verortung als neu zu gewinnende Sesshaftigkeit und den Aufbau neuer Wohnformen sowie Nachbarschaften, die Beziehungsnetzwerke vor Ort schaffen, als Chance für ein befriedigendes Leben.
- Streben wir eine Balance von Erwerbsarbeit und anderen Tätigkeitsfeldern als Ziel eines guten Lebens an.
- Wirken wir in sozialen Gemeinschaften als lohnende Alternative zur gegenwärtigen Freizeitgesellschaft mit.

- Schließlich: Kultivieren wir das Nichts-Tuns und die Kunst des Unterlassens als Übungen für das Finden von Muße und Gelassenheit.

*Zivilgesellschaftliches Engagement:*

- Arbeiten wir mit in Initiativen, die sich für Menschenrechte sowie einen wertschätzenden Umgang mit der Natur einschließlich der mit uns lebenden Tiere einsetzen.
- Unterstützen wir kritische Nichtregierungsorganisationen, die sich für global faire Arbeits- und Handelsbeziehungen einsetzen, die Menschenrechtsverletzungen sowie Umweltskandale aufdecken und damit zu einer kritischen Öffentlichkeit beitragen.
- Schließen wir uns Initiativen an, die Projekte der Entwicklungszusammenarbeit auf gleicher Augenhöhe mit Menschen und Initiativen aus Ländern des Südens umsetzen.

*Lokale Ökonomie:*

- Tragen wir durch bewussten Rückgriff auf Erzeugnisse aus der Region zur regionalen Wirtschaft und zur Erreichung von Lebensmittelsouveränität bei, etwa durch Kauf bei Bauernmärkten, die Mitwirkung an Erzeuger-Verbraucher-Initiativen sowie durch das Nachfragen regionaler Produkte in Lebensmittelmärkten.

- Fördern wir durch die Reduktion des Fleischkonsums oder den Umstieg auf vegetarische Kost und biologische Lebensmittel nachhaltige Landwirtschaftsstrukturen. Wir erhöhen damit zugleich den Lebensgenuss und tun etwas für unsere Gesundheit.
- Beziehen wir Importprodukte wie Kaffee oder Bananen nur mehr aus Fairem Handel. Wir stärken so die Lokalwirtschaft in den Ländern des Südens, da die Erlöse unmittelbar den Bauern zu Gute kommen.
- Zur Energiewende sowie – zumindest mittelfristig – zum Ziel regionaler Energiesouveränität können wir einerseits durch Minimierung des Verbrauchs fossiler Energieträger beitragen, was eine intelligente Mobilität und ein energetisch vorbildhaftes Wohnen erfordert; andererseits durch Unterstützung erneuerbarer Energieträger etwa durch Mitwirkung an gemeinschaftlichen Fotovoltaik- oder Windkraftanlagen.

*Neue Unternehmensformen*:

- Wenn Sie unternehmerisch tätig sind oder sein wollen, informieren sie sich über neue Unternehmensformen, etwa Genossenschaften, Unternehmen nach Stiftungsrecht oder nach den Kriterien der Gemeinwohlökonomie, der sich mittlerweile zahlreiche Betriebe in vielen Ländern Europas und darüber hinaus angeschlossen haben (*www.gemeinwohloekonomie.org*).

- Als Bürger und Bürgerin können wir solche Unternehmen durch unser Kaufverhalten sowie über ethisch-ökologisches Investment unterstützen; dazu trägt auch das Anlegen seines Kontos bei einer ethisch-ökologisch wirtschaftenden Bank bei.

Der Charme dieser Maßnahmen liegt darin, dass sie von jedem und jeder Einzelnen umgesetzt werden können. Sie entfalten damit Vorbildwirkung und können andere anstecken! Zu ergänzen sind diese Aktivitäten jedoch durch politische Maßnahmen auf nationaler und transnationaler Ebene, da nur so eine echte Umsteuerung möglich ist. Pioniere sind wichtig – doch das Prinzip der Freiwilligkeit reicht nicht, wie wir bereits gesehen haben.

## Staatliche Zukunftspfade

*Steuerpolitik:*

- ›Steuern durch Steuern‹ gilt als zentrales Prinzip für eine sozialökologische Wende; die Mehr-Besteuerung des Ressourcenverbrauchs setzt Marktanreize für Effizienzsteigerungen sowie für Verhaltensänderungen.
- Die höhere Besteuerung von Luxuswaren gegenüber Gütern des Grundbedarfs hat Lenkungsfunktion für sinnvollen Konsum.

- Eine höhere Besteuerung von Werbung drängt aggressive Werbestrategien zurück und fördert die stärkere Bindung von Kunden durch Qualität.
- Die höhere Besteuerung von Vermögen und Spitzeneinkommen wirkt der Attraktivität des Viel-Besitzen-Wollens entgegen und ermöglicht zugleich die Aufrechterhaltung öffentlicher sozialer und kultureller Leistungen bei gleichzeitiger steuerlicher Entlastung des Faktors Arbeit.

*Anreizpolitik:*

- Um das gute Leben einfacher zu machen, sind auch Anreize notwendig, die das richtige und nicht das falsche Verhalten belohnen.
- Anschubfinanzierungen für Erneuerbare Energieträger durch Förderungen und entsprechende Einspeisetarife ermutigen Bürger und Unternehmen, Projekte der Gewinnung von Energie aus Sonne, Wind und Kleinwasserkraft umzusetzen.
- Auch die energetische Sanierung von Altbauten – im Wohn- wie im Gewerbebereich – erfordert Anreize, die über bisherige Förderungen hinausgehen.
- Die Förderung des öffentlichen Verkehrs dergestalt, dass nicht nur Zeitkarten, sondern auch Einzeltickets günstiger sind als die Benutzung des Autos, beschleunigt das Umdenken in Richtung Mobilitätswende;

selbstredend braucht es auch ein entsprechend attraktives und benutzerfreundliches Angebot.

- Als Zukunftslösung gelten sogenannte Mobility-Cards, über die Tickets für alle öffentlichen Verkehrsangebote rasch und unkompliziert gelöst werden können. Diese ließen sich auch mit Carsharing verbinden.
- Unternehmen können durch finanzielle Anreize angehalten werden, verstärkt neue Wunscharbeitszeitmodelle anzubieten; diese sollen den flexiblen Lebenslagen der erwerbstätigen Menschen gerecht werden und zugleich zur Eindämmung der Arbeitslosigkeit führen (was der öffentlichen Hand wieder Kosten sparen hilft).
- Der Ausbau bestehender Instrumente wie Eltern-, Pflege- oder Bildungskarenzen fördert ebenfalls eine Gesellschaft der pluralen Tätigkeiten und Einkommen.
- Nicht zuletzt sind alle öffentlichen Förderungen transparent zu machen und hinsichtlich ihrer sozialen und ökologischen Treffsicherheit zu evaluieren.
- Solange es keine internationale Entwicklungsstrategie gibt, bleibt es auch Aufgabe der Staaten, Entwicklungshilfebudgets auszuweisen und zu erhöhen.

*Ge- und Verbotspolitik:*

- Eine wirksame Umwelt- Wirtschafts- und Menschenrechtspolitik kommt ohne Ge- und Verbote nicht aus, was jedoch nichts Neues ist. Auch jetzt gibt es bereits jede Menge von Vorschriften, etwa das Verbot gesundheitsschädlicher Stoffe oder Produktionsverfahren, das Verbot von Preisabsprachen und Kartellbildungen oder Geschwindigkeitsbeschränkungen für Autos auf den Straßen.

- Erweiterungen sind anzugehen im Bereich des Konsumentenschutzes: die Verlängerung von Garantiefristen sowie verpflichtende Rücknahme und kostenpflichtige Entsorgung von Altgeräten durch die Hersteller wären Beispiele. Ergänzend könnte ein Label auf reparaturfreundliche Produkte hinweisen.
- Anzudenken sind auch (begrenzte) Werbeverbote etwa im Zusammenhang mit Produkten für Kinder oder in Schulen, Jugendeinrichtungen oder anderen öffentlichen Einrichtungen. Hohe Werbesteuern sowie eine Begrenzung von Werbung in öffentlich-rechtlichen Rundfunk- und Fernsehanstalten könnten ebenfalls die Überflutung mit Werbebotschaften einschränken.
- Ausgeweitete Parkverbotszonen, die Einrichtung von Wohnstraßen sowie flächendeckenden Geschwindigkeitsbeschränkungen oder die Umsetzung von Konzepten des ›shared space‹ könnten zu einer Aufwertung der öffentlichen Räume als Lebensräume führen.
- Es gibt eine Fülle von Gesetzen, mit denen eine sozialökologische Umsteuerung gefördert werden kann, etwa

die Festlegung von Mindest- und Höchsteinkommen, das Recht auf Kinderbetreuung oder den Anspruch auf Fortbildung etwa durch Bildungsschecks. Hier soll eine exemplarische Aufzählung genügen.

- Auch eine Neuordnung des Finanzwesens aufgrund der Finanzkrise von 2008 sowie der ihr folgenden, weiteren öffentlichen Verschuldung wäre auf nationalstaatlicher Ebene anzugehen. Diskutiert wird etwa die Umstellung auf ein Vollgeldsystem, das die Geldschöpfung in die alleinige Zuständigkeit des Staates legen würde (bis jetzt erfolgt diese vor allem durch Banken über die Vergabe von Krediten). Nur mehr die zur *Monetative* aufgewerteten Zentralbanken würden neues Geld vergeben und über die daraus erzielten Einnahmen sollten, so der Vorschlag, die öffentlichen Schulden getilgt werden. Manche schlagen auch die Finanzierung eines bedingungslosen Grundeinkommens oder die Ermöglichung von Komplementärwährungen über das Vollgeld vor. Die Banken würden beschränkt auf Dienstleister, die Geld verteilen. Der Bankensektor würde deutlich redimensioniert und gesundgeschrumpft.

Die Umsetzung staatlicher Maßnahmen obliegt den gewählten Mandataren und Mandatarinnen in den Parlamenten auf den unterschiedlichen staatlichen Ebenen. Als

Bürger und Bürgerinnen können wir uns einbringen, in dem wir uns über Gesetzesvorhaben informieren, die politischen Parteien vor und nach Wahlen mit ihren Parteiprogrammen konfrontieren und indem wir uns selbst in Parteien engagieren sowie für politische Funktionen kandieren. In politischen Systemen mit stärker verankerter Direkter Demokratie können Bürger und Bürgerinnen auch selbst Gesetzes-Initiativen lancieren, wie dies etwa in der Schweiz gängige politische Praxis ist.

## Transnationale & globale Zukunftspfade

Der Nationalstaat mit seinen substaatlichen Einheiten auf regionaler und lokaler Ebene bleibt auch in Zukunft ein wichtiger Raum für politische Gestaltung. Doch in einer transnational operierenden Wirtschaft müssen sich auch die Politik und die Zivilgesellschaft transnational organisieren. Zudem können globale Anliegen in einer Weltgesellschaft nur mehr global geregelt werden. Dazu abschließend einige Vorschläge.

- *Globalsteuern:* Vorgeschlagen werden globale Steuern auf Rohstoffe und Emissionen oder auf Finanzgeschäfte und Rüstungsexporte, oder generell auf den Welthandel; damit sollen ökologische und wirtschaftliche Lenkungseffekte erzielt und Mittel für transnationale Entwicklungszusammenarbeit geschaffen werden.

- *Weltsozialpolitik:* Mit diesen Globalsteuern sollte auch die Umsetzung einer Weltsozialpolitik angegangen werden, die nachholende Entwicklung in den Ländern des Südens über Anschubfinanzierungen statt über Kredite ermöglicht. Vorgeschlagen wird dies beispielsweise von der Global Marshall Plan-Initiative (*www.globalmarshallpan.org*) sowie vom World Future Council (*www.worldfuturecouncil.org*). Kooperiert wird in dieser Weltentwicklungspolitik mit Basisgruppen aus der Bevölkerung ebenso wie mit vertrauenswürdigen Vertretern der politischen Klasse. Konsequent zu Ende gedacht, bräuchten wir ein Weltgrundeinkommen.
- *Weltklimapolitik:* Der britische Ökonom *Nicolas Stern* hat 2006 einen 650 Seiten starken Bericht vorgelegt, dessen Kernaussage lautet, dass Nichts-Tun bedeutend teurer wird als entsprechende Investitionen in Klimaschutz zu tätigen. Zwei Prozent des Weltbruttosozialprodukts müssten laut Stern pro Jahr für Klimaschutzmaßnahmen aufgewendet werden, um den Welttemperaturanstieg unter zwei Grad Celsius zu halten; jene Marge, die als Limit für die Managbarkeit von Klimaveränderungen ausgemacht wird. Eine noch stärkere Erwärmung lässt irreversible Kippeffekte befürchten. Notwendig ist daher eine Weltklimapolitik. Erste Ansätze in diese Richtung bilden die Debatten über globa-

le $CO_2$-Steuern bzw. über $CO_2$-Kontingente, die gehandelt werden sollen, sowie über einen *Green Climate Fund*, der Opfern von Klimakatastrophen rasche Hilfe zukommen lässt.

- *Weltfinanzpolitik:* Zahlreiche Vorschläge gibt es zur Regulierung der globalen Finanzmärkte, etwa durch stärkere Kontrollen für neue Finanzprodukte, für höhere Mindestreserven der Banken oder für die Einrichtung eines transnationalen Risiko- und Insolvenzfonds. Seit langen gefordert wird die Unterbindung von Steuerflucht durch Austrocknung von Steueroasen sowie die Harmonisierung von Steuergesetzen zur Unterbindung von Steuerdumping (z.B. gefordert von Attac, *www.attac.org*).
- *Weltressourcenpolitik:* Zudem bräuchten wir globale Festlegungen von Obergrenzen für die Nutzung von Ressourcen sowie für den Schutz von Gemeingütern wie Wasser, Böden, Wälder, Artenvielfalt. Vorschläge dazu gibt es u.a. vom Entwicklungsprogramm der Vereinten Nationen (UNDP) und vom Umweltprogramm der Vereinten Nationen (UNEP). Letzteres hat in dem 2011 erschienenen Bericht ›Towards a Green Economy‹ vorgerechnet, dass mindestens zwei Prozent des globalen BIP in zehn Schlüsselsektoren investiert werden müssten, um der Degradation der Ökosysteme entgegenzuwirken und Entwicklungsimpulse zur Über-

windung von Hunger und Armut zu setzen. Diese Sektoren sind Landwirtschaft, Gebäude, Energie, Fischerei, Wälder, Produktion, Tourismus, Verkehrswesen, Wasser und Abfallwirtschaft.

- *Welthandelspolitik:* Hier gibt es langjährige Erfahrungen, wobei die bisherigen Abkommen der Welthandelsorganisation (WTO) vor allem auf den freien Zugang der Wohlstandsländer zu den Märkten des Südens abzielten. Die Forderung der Entwicklungsländer und von Nicht-Regierungs-Organisationen nach dem Abbau von Handelshemmnissen in den Wohlstandsländern, etwa der hohen Agrarsubventionen, sind bisher weitgehend auf taube Ohren gestoßen.[2]

Maßnahmen auf transnationaler bzw. globaler Ebene würden global wirken und sind daher unerlässlich für eine zukunftsfähige Weltentwicklung im 21. Jahrhundert. Diese sind derzeit freilich schwer umsetzbar, da es bislang an den Akteuren fehlt, welche sie voranbringen könnten.

Angesprochen sind im Bereich globaler Regeln alle internationalen Organisationen. Die Vereinten Nationen mit ihren zahlreichen Unterorganisationen wären die zuständigen Gremien, stehen jedoch politisch und finanziell auf schwachen Beinen. Realpolitisch liegt es an den Gremien

[2] In dem Band ›Fair Future‹ des *Wuppertal-Instituts* sind zahlreiche Vorschläge für eine andere globale Handels- und Wirtschaftskooperation nachzulesen.

der G7, die zunächst zu den G8 und im Gefolge der aufstrebenden Schwellenländer zu den G20 erweitert wurden. Sie umfassen die derzeit zwanzig wirtschaftlich stärksten Nationen der Welt, also neben den USA, Kanada, Japan sowie den größeren westeuropäischen Staaten auch China, Indien, Brasilien sowie einige weitere mehr.

Wie rasch Wirtschaftskooperation wieder in Wirtschaftskrieg umschlagen kann, haben freilich der Konflikt um die Ukraine und die versuchte Isolierung Russlands durch die G7 im Jahr 2014 gezeigt.

Die zivilgesellschaftlichen Initiativen – mittlerweile soll es an die 20.000 international agierende Nicht-Regierungs-Organisationen geben – spielen daher ebenfalls eine wichtige Rolle in der Weltgesellschaft des 21. Jahrhunderts. Sie gelten als kritische Mahner, als Informationsvermittler sowie als globale Lobby für die Benachteiligten und die Natur. Denn: Ein friedliches Zusammenleben auf dem Planeten erfordert zukünftig eine *Weltinnenpolitik,* fußend auf einem *Weltethos*.

Zumindest wenn es um Dinge wie gentechnisch veränderte Lebensmittel, Chlorhühner oder Klontiere geht, regt sich in den europäischen Wohlstandsgesellschaften breiter Widerstand, wie die von vielen Massenmedien aufgegriffenen Kampagnen gegen das geplante Freihandelsabkommen zwischen der EU und den USA (TTIP – Transatlantic Trade and Investment Partnership) zeigen.

## Gutes Leben für alle

Ein gutes Leben für alle war der Ausgangspunkt dieses Buches. ›Für alle‹ meint dabei in der Tat alle Erdenbürger und Erdenbürgerinnen. Dies erfordert, dass wir in den materiell reichen Gesellschaften den Ressourcenverbrauch drastisch reduzieren, damit andere ebenfalls ihr Recht auf Entwicklung einlösen können.

Neue Technologien werden uns dabei helfen und heute vielleicht noch gar nicht vorstellbare Zukunftsperspektiven eröffnen. Doch wir können nicht allein auf die Technik vertrauen. Notwendig ist auch ein Überdenken unserer Bilder von Wohlstand. Dafür können wir, wie ausgeführt wurde, auf Erkenntnisse der Zufriedenheits- und Glücksforschung ebenso zurückgreifen wie auf Befunde aus den Sozial- und Gesundheitswissenschaften.

Nicht weniger wertvoll sind jedoch Ansätze, die aus anderen Kulturen stammen. So hat der Staat Bhutan die Verfolgung des Bruttonationalglücks anstatt des Bruttonationalprodukts Priorität in seinen Entwicklungsbemühungen eingeräumt. In Lateinamerika gibt es eine starke, von Indigenas ausgehende Bewegung des ›Buen vivir‹, also des ›Guten Lebens‹, die die Achtsamkeit für einander und gegenüber der Natur in den Mittelpunkt stellt. In Ecuador wurde ›Buen vivir‹ sogar in die Staatsverfassung aufgenommen, wie der Autor *Alberto Acosta* und Berichte des *Paolo Freire-Zentrums* in Wien zeigen.

Transnational vernetzt und doch gut verortet, wachsam gegenüber Unrecht bei uns und weit weg von uns, dem Leben zugetan und engagiert für Dinge, die über unser eigenes Dasein hinausweisen – so können wir alle mit bauen an einer gastlichen Welt.

Die Kunst der Beschränkung und klugen Wahl gilt freilich auch für gesellschaftliches Engagement. Einzelne richten wenig aus, wenn sie vereinzelt bleiben. Nur die Kraft der Vielen, die sich an vielen Orten zusammentun, werden Veränderungen erreichen. Doch jeder und jede kann in den je eigenen Möglichkeiten – im Beruf, im Alltag, mit seinem Lebensstil, mit Freunden und in engagierten Gruppen – dazu beitragen, dass das gute Leben für alle möglich wird.

Die Ausführungen dieses Buches haben hoffentlich ein paar Anregungen dazu gegeben. Sie basieren auf eigenen Erkenntnissen und denen vieler Kollegen und Kolleginnen, geerdet sind sie in der Überzeugung, dass das Leben im gemeinsamen Engagement für eine bessere Welt um vieles bereichernder ist als die Vereinzelung im Massenkonsum.

Um deutlich zu machen, dass jeder und jede zu den im Sinne einer nachhaltigen Entwicklung gebotenen Veränderungen beitragen kann und dass jede Aktivität in die richtige Richtung, so klein sie auch sein möge, wichtig ist, wird gerne die Geschichte vom ›Seesterne retten‹ erzählt:

>›Ein furchtbarer Sturm kam auf. Der Orkan tobte. Das Meer wurde aufgewühlt und meterhohe Wellen brachen sich ohrenbetäubend laut am Strand. Nachdem das Unwetter langsam nachließ, klarte der Himmel wieder auf. Am Strand lagen aber unzählige von Seesternen, die von der Strömung an den Strand geworfen worden waren. Ein kleiner Junge - es kann auch ein Mädchen sein - lief am Strand entlang, nahm behutsam Seestern für Seestern in die Hand und warf sie zurück ins Meer. Da kam ein Mann vorbei. Er ging zu dem Jungen bzw. Mädchen und sagte: ′Du dummes Kind. Was du da machst ist vollkommen sinnlos. Siehst du nicht, dass der ganze Strand voll von Seesternen ist? Die kannst du nie alle zurück ins Meer werfen! Was du da tust, ändert nicht das Geringste!′ Das Kind schaute den Mann einen Moment lang an. Dann ging es zu dem nächsten Seestern, hob ihn behutsam vom Boden auf und warf ihn ins Meer. Zu dem Mann sagte es: ′Für ihn wird es etwas ändern!′‹ [3]

Die Geschichte wirkt beeindruckend und macht Mut. Es hat einen Sinn, selbst anzupacken, auch wenn die Aufgabe aufgrund ihrer Größe kaum bewältigbar und die Wirkung beinahe aussichtlos erscheint, so die vermittelte Botschaft. Und jeder gerettete Seestern ist ein Beweis für die Sinnhaftigkeit des eigenen Tuns. Das leuchtet ein und berührt.

---

[3] Nach der Erzählung „The Star Thrower" von Loren Eiseley (1969), hier zit. n. Morgen wird heute gestern sein. Ein Lesebuch zur Nachhaltigkeit. Hg. von Forum Umweltbildung. Wien, 2014, S. 51

Auf den zweiten Blick ist jedoch zu fragen, ob die Sache wirklich so eindeutig ist. Ob an dem Argument des Mannes, dass es unmöglich sei, auf diese Weise die Seesterne zu retten, nicht doch etwas dran ist. Ja, ich würde sogar noch weitergehen und fragen, ob es überhaupt die Aufgabe des Kindes ist, die Seesterne zu retten.

Keine Frage: Die Antwort des Mannes ist pädagogisch gesehen völlig falsch, da abwertend und demotivierend. Vielmehr hätte der Mann weiterführende Fragen stellen müssen. Etwa: Wie könnte es uns gemeinsam gelingen, mehr Menschen zu gewinnen, um die Aufgabe lösen zu können? Oder: Gibt es technische Hilfsmittel, um die Seesterne wieder ins Meer zurück zu befördern? Und in die Zukunft fragend: Diesmal ist die Katastrophe passiert? Wie können wir diese beim nächsten Mal verhindern – etwa durch einen Damm? Und auf die möglichen Ursachen des Unwetters bezugnehmend: Könnte es sein, dass der Sturm, wenn er kein Einzelereignis ist, sondern immer häufiger aufkommt, mit dem vom Menschen gemachten Klimawandel zusammenhängt? Und was wäre dann zu tun, um diesen Klimawandel einzudämmen?

Die Ausführungen zeigen, wie wichtig es ist, Fragen zu stellen. Noch präziser: Die richtigen Fragen zu stellen. Denn: Wer die falschen Fragen stellt, bekommt nur zufällig die richtigen Antworten. Und dieses ›Fragen stellen‹ muss sich auf die Ursachen von Problemen und Herausforderungen ebenso beziehen wie auf das Finden der adäquaten Lösungen.

Es sei abschließend daher eine weitere Geschichte erzählt, die auf den Schriftsteller *Heinrich Böll* zurückgeht:

> ›Ein Fischer fährt täglich ein paar Stunden aufs Meer hinaus, um für sich und seine Familie Fische zu fangen. Einen Teil des Fanges verkauft er auch am örtlichen Fischmarkt. Ein Tourist fragt ihn, warum er nicht länger am Meer bleibe und mehr Fische fange. Er könne diese am Markt verkaufen, mit den Erträgen ein größeres Fangboot kaufen und sogar eine Fischverarbeitungsfabrik aufbauen. Die Einnahmen würden ihm dann erlauben, gar nicht mehr selber fischen zu müssen und er hätte dann Zeit, die Sonne zu genießen. Der Fischer lehnt dankend ab mit der Bemerkung: „Zeit in der Sonne zu sitzen, habe ich auch jetzt genug.‹

Ich finde diese Geschichte lehrreicher als jene von den geretteten Seesternen. Sie hat etwas Subversives, sich der Markt- und Akkumulationslogik Widersetzendes. Sie verweist auf Fragen der Nachhaltigkeit: Es sind die großen Fischtrawler, die die Meere leer fischen und obendrein den lokalen Fischern die Existenzgrundlage entziehen. Und die Geschichte verweist auf die Frage des guten Lebens in Genügsamkeit. Sie mit (jungen) Menschen zu diskutieren, ist allemal so wichtig wie Informationen über ökosystemische Zusammenhänge zu vermitteln.

Der heutige *homo consumens* ist nicht der Endpunkt menschlicher Entwicklungsmöglichkeiten. Denkbar ist auch der *homo communis,* der Gemeinschaft bewusst pflegt, der *homo socialis,* der sich auch um andere Kümmert und sorgt, der *homo ludens,* der sich auch dem Spiel hingeben kann, und – warum nicht – der *homo politicus*, der sich öffentlich einmischt und einbringt.

In diesem Sinne liegen noch vielfältige Entwicklungs- und Wachstumsmöglichkeiten vor uns. Und in allen gesellschaftlichen Bereichen kann dazu beigetragen werden – von den Familien, den Kindergärten und Schulen, die ein gedeihliches Heranwachsen unserer Kinder ermöglichen, über die Unternehmen, die sinnvolle Produkte herstellen und qualitätsvolle Arbeitsbedingungen bieten, bis hin zur Politik und einer aktiven Zivilgesellschaft, die sich um die entsprechenden Rahmensetzungen kümmern.

# Literatur

Acosta, Alberto (2015): Buen vivir. Vom Recht auf ein gutes Leben. München, oekom.

Anders, Günter (1981): Die Antiquiertheit des Menschen. Bd. 2. Über die Zerstörung des Lebens im Zeitalter der industriellen Revolution. München, Beck.

Andersen, Arne (1999): Der Traum vom guten Leben. Alltags- und Konsumgeschichte vom Wirtschaftswunder bis heute. Frankfurt, Campus.

Ax, Christine; Hinterberger, Friedrich (2013): Wachstumswahn. Was uns in die Krise führt und wie wir wieder herauskommen. München, Ludwig.

Ax, Christine (2009): Die Könnensgesellschaft. Mit guter Arbeit aus der Krise. Berlin, Rhombos.

Baier, Andrea u.a. (2007): Wovon Menschen leben. Arbeit, Engagement und Muße jenseits des Marktes. München, oekom.

Bauer, Joachim (2007): Prinzip Menschlichkeit. Warum wir von Natur aus kooperieren. Hamburg: Hoffmann und Campe.

Bauer, Joachim (2013): Arbeit. Warum unser Glück von ihr abhängt und wie sie uns krank macht. München, Blessing.

Bauer, Joachim (2015): Selbststeuerung. Die Wiederentdeckung des freien Willens. München, Blessing.

Bilharz, Michael (2008): „Key Points" nachhaltigen Konsums. Marburg, Metropolis.

Bauriedl, Thea (2001): Vom Wissen zum Handeln. In: Nachhaltig – aber wie? Wege zur Zukunftsfähigkeit. Salzburg, JBZ-Verlag.

Beck, Ulrich (2010): Nachrichten aus der Weltinnenpolitik. Frankfurt, Suhrkamp.

Beck-Gernsheim, Elisabeth (2000): Was kommt nach der Familie? Einblicke in neue Lebensformen. München, Beck.

Beigewum / Attac (2010): Mythen der Krise. Einsprüche gegen falsche Lehren aus dem Crash. Hamburg, VSA.

Biesecker, Adelheid; Wintersfeld, Uta v. (2013): In: Wege Vorsorgenden Wirtschaftens. Marburg: Metropolis.

Binswanger, Mathias (2008): Die Tretmühlen des Glücks. Freiburg, Herder.

Binswanger, Hans Christoph (2009): Vorwärts zur Mäßigung. Hamburg, Murmann.

Braun, Sebastian (2001): Putnam und Bourdieu und das soziale Kapital in Deutschland. Arbeitspapier des Forschungszentrums für Bürgerschaftliches Engagement der Humboldt-Universität zu Berlin. Download: www.for-be.de/pulikationen.html

Braungart, Michael, McDonough, William (2013): Intelligente Verschwendung. The Upcycle. München, oekom.

Brocchi, Davide (2013): Sackgassen der Evolution der Menschheit. Jahrbuch Ökologie 2013, Stuttgart, Hirzel, S. 130-136.

Bude, Heinz (2014): Gesellschaft der Angst. Hamburg, Hamburger Edition des Instituts für Sozialforschung.

BUND, Heinrich-Böll-Stiftung u. a. (Hg., 2014): Fleischatlas. Daten und Fakten über Tiere als Nahrungsmittel. Berlin, taz-Verlag.

Bundespsychotherapeutenkammer (2012): Arbeitsunfähigkeit - psychische Erkrankungen und Burnout. Berlin, Eigenverlag. Download: http://www.bptk.de/uploads/media/20120606_AU-Studie-2012.pdf
Crouch, Colin (2010): Postdemokratie. Frankfurt, Suhrkamp.

Daly, Herman (1997): Wirtschaft jenseits von Wachstum. Salzburg, Pustet.

Dietz, Raimund (2013): Geld und Schuld. Eine ökonomische Theorie der Gesellschaft. Marburg, Metropolis.

Deutscher Gewerkschaftsbund (2012): Arbeitshetze - Arbeitsintensivierung - Entgrenzung. Berlin, Eigenverlag.

Donauer, Sabine (2015): Faktor Freude. Wie die Wirtschaft Arbeitsgefühle erzeugt. Hamburg, Körber-Stiftung.

Dürr, Hans-Peter (2011): Das Lebendige lebendiger werden lassen. München, oekom.

Ekardt, Felix (2010): Das Prinzip Nachhaltigkeit. Beck, München.

Elschenbroich, Donata (2001): Weltwissen der Siebenjährigen. Wie Kinder die Welt entdecken können. München, Goldmann.

Erikson, Thomas H. (2009): Immer schneller - immer mehr? Balance finden zwischen Beschleunigung und Ruhe. Freiburg, Herder.

Fatheuer, Thomas; Fuhr, Lili; Unmüßig, Barbara (2015): Kritik der Grünen Ökonomie. München, oekom.

Felber, Christian (2012): Gemeinwohlökonomie. Das Wirtschaftsmodell der Zukunft. Wien, Deuticke.

Ferenschild, Sabine u.a. (1997): Weltkursbuch - Globale Auswirkungen eines „zukunftsfähigen Deutschlands. Berlin, Birkhäuser.

Fessler, Pirmin; Hinsch, Stefan (2013): Wie funktioniert Wirtschaft? Eine kritische Einführung. Wien, Promedia.

Firlei, Klaus (2013): Alle Macht dem Text. Zukunftswissenschaft als Anleitung für globale Verfassungskonstruktionen. In: Firlei, Klaus; Spielmann, Walter (Hg.) a.a.O. S. 188 – 238.

Firlei, Klaus; Spielmann, Walter (Hg., 2013): Projekt Zukunft. Vierzehn Beiträge zur Aktualität von Robert Jungk. Salzburg, Otto Müller-Verlag.

Flassbeck, Heiner (2010): Die Marktwirtschaft des 21. Jahrhunderts. Frankfurt, Westend-Verlag.

Fromm, Erich (1976): Haben oder Sein. Die seelischen Grundlagen einer neuen Gesellschaft. Stuttgart.

Fürstenberg, Friedrich (1978): Soziologie. Hauptfragen und Grundbegriffe (3. neubearbeitete Auflage). Berlin u.a., Walter de Gruyter.

Gahrmann, Arno (2013): Wir arbeiten und nicht das Geld. Wie wir unsere Wirtschaft wieder lebenswert machen. Frankfurt/M., Westend-Verlag.

Gehmacher, Ernst u.a. (2006): Sozialkapital. Neue Zugänge zu gesellschaftlichen Kräften. Wien, Mandelbaum.

Geißler, Karlheinz A. (2002): Wart′ mal schnell. Wie wir der Zeit ein Schnippchen schlagen. Freiburg, Herder.

Girardet, Herbert (2011): Energien freisetzen: Für eine ökologische und gerechte Welt. Zürich, Rotpunkt.

Girkinger, Michael (2012): Einmal Glück und Erfolg, bitte! Über das Glück und seine Vermarktung in der Persönlichkeitsbildung. Eine Untersuchung zur Kultur der Selbstoptimierung. Marburg: Tectum.

Goehler, Adrienne; Werner, Götz (2010): Freiheit, Gleichheit, Grundeinkommen. Econ, München.

Gorz, Andre (1983): Wege ins Paradies. Thesen zur Krise, Automatisation und Zukunft der Arbeit. Berlin, Rotbuch.

Gräßer, Lars; Hagedorn, Friedrich (2013): Nachhaltigkeit und Medien. In: Jahrbuch Bildung für Nachhaltige Entwicklung, Wien, Forum Umweltbildung. S. 119 - 127.

Grober, Ulrich (2011): Vom Wandern. Neue Wege zu einer alten Kunst. Hamburg, Rowohlt.

Gronemeyer, Marianne (1993): Das Leben als letzte Gelegenheit. Sicherheitsbedürfnisse und Zeitknappheit. Darmstadt, Primus.

Gronemeyer, Marianne (2009): Die Kunst des Aufhörens. Weil genug genug ist. Darmstadt, Primus.

Gronemeyer, Marianne (2012): Wer arbeitet, sündigt. Plädoyer für gute Arbeit Darmstadt, Primus.

Gross, Andreas (2013): Europa braucht mehr Demokratie, die Demokratie braucht aber auch mehr Europa. In: Firlei, Klaus; Spielmann, Walter (Hg.) a.a.O. S. 39 -55.

Grünewald, Stephan (2013):: Die erschöpfte Gesellschaft. Warum Deutschland neu träumen muss. Frankfurt/M., Campus

Grunwald, Armin (2012): Das Ende einer Illusion. Warum ökologisch korrekter Konsum die Umwelt nicht retten kann. München, oekom.

Gubitzer, Luise (2006): Wirtschaft ist mehr. Sektorenmodell der Gesamtwirtschaft als Grundlage der Geschlechtergerechtigkeit. In: Widerspruch, 50, Zürich, Eigenverlag.

Haidinger, Bettina; Knittler, Käthe (2013): Feministische Ökonomie. Wien, Mandelbaum.

Hartmann, Kathrin (2009): Das Ende der Märchenstunde. Wie die Industrie die LOHAS und die Lifestyle-Ökos vereinnahmt. München, Blessing.

Haug, Frigga (2013): Zeit, Arbeit und Wohlstand neu definieren. In: Konzeptwerk Neue Ökonomie (Hg.) a.a.O. S. 26-39.

Henderson, Hazel (1985): Das Ende der Ökonomie. Die ersten Tage des nach-industriellen Zeitalters. München, Dianus-Trikont Buchverlag.

Herrmann, Ulrike (2013): Der Sieg des Kapitals. Wie der Reichtum in die Welt kam: Die Geschichte von Wachstum, Geld und Krisen. Frankfurt/M., Westend-Verlag.

Hilkens, Myrte (2010): McSex. Die Pornofizierung unserer Gesellschaft. Berlin, Orlanda.

Holzinger, Hans (2013a): Wie kommt es zum Wandel? Transformationsforschung im Kontext von Bildung für nachhaltige Entwicklung. In: Jahrbuch BINE, Wien, Forum Umweltbildung. S. 43-52.

Holzinger, Hans (2013b): Sonne statt Atom. Robert Jungk und die Debatten über die Zukunft der Energieversorgung von den 1950er-Jahren bis heute. Salzburg, JBZ-Verlag.

Holzinger, Hans (2012a): Neuer Wohlstand. Leben und Wirtschaften auf einem begrenzten Planeten. Salzburg, JBZ-Verlag.

Holzinger, Hans (2012b): Wirtschaften jenseits von Wachstum. Befunde und Ausblicke. Zukunftsdossier 1; Wien/Salzburg, Eigenverlag. Download: www.wachstumimwandel.at.

Holzinger, Hans (2012c): Zur Zukunft der Arbeit. Befunde und Ausblicke. Zukunftsdossier 1; Wien/Salzburg, Eigenverlag. Download: www.wachstumimwandel.at

Jackson, Tim (2011): Wohlstand ohne Wachstum. Leben und Wirtschaften in einer endlichen Welt. München, oekom.

Jäger, Jill/SERI (2007): Was verträgt die Erde noch? Frankfurt, Fischer.

Jakubowicz, Dan (2002): Genuss und Nachhaltigkeit. Handbuch zur Veränderung des persönlichen Lebensstils. Wien, Promedia.

Jazdy, Kurosch (2013): Junkies wie wir. Spielen, Shoppen, Internet. Was uns und unsere Kinder süchtig macht. Wien, edition a.

Keynes, John Maynard (1930): Wirtschaftliche Möglichkeiten für unsere Enkelkinder. In: The Nation & The Athenaeum. Download: www.sokratischer-marktplatz.de/pdf/Text_Keynes_Enkelkinder.pdf

Klatt, Johanna; Walter, Franz (2011): Entbehrliche der Bürgergesellschaft? Sozial Benachteiligte und Engagement. Bielefeld, transcript.

Klingholz, Reiner (2014): Sklaven des Wachstums. Die Geschichte einer Befreiung. Frankfurt, Campus.

Knoflacher, Hermann (2013): Zurück zur Mobilität! Anstöße zum Umdenken. Wien, Ueberreuter.

Kondratjew, Nikolai D. (1926): Die langen Wellen der Konjunktur. *In:* Archiv für Sozialwissenschaft und Sozialpolitik. 56, S. 573–609.

Konzeptwerk Neue Ökonomie (Hg., 2013): Zeitwohlstand. Wie wir anders arbeiten, nachhaltig wirtschaften und besser leben. München, oekom.

Kreiß, Christian (2014): Geplanter Verschleiß. Wie die Industrie uns zu immer mehr und immer schnellerem Konsum antreibt – und wie wir uns dagegen wehren können. Wien, Europa-Verlag.

Kummer, Susanne (2014): Mental Health und Arbeitswelt. http://www.imabe.org/fileadmin/imago_hominis/pdf/IH020_242-244.pdf

Lafargue, Paul (1887): Das Recht auf Faulheit. Widerlegung des „Rechts auf Arbeit“. Hottingen-Zürich, Verlag der Volksbuchhandlungen.

Latouche, Serge (2015): Es reicht! Abrechnung mit dem Wachstumswahn. München, oekom.

Leitner, Tarek (2012): Mut zur Schönheit. Streitschrift gegen die Verschandelung Österreichs. Wien, Brandstätter.

Leonard, Annie (2010): The Story of Stuff. Wie wir die Erde zumüllen. Berlin: Econ.

Linz, Manfred (2012): Weder Mangel noch Übermaß. Warum Suffizienz unentbehrlich ist. München, oekom.

Loske, Manfred (2011): Abschied vom Wachstumszwang. Konturen einer Politik der Mäßigung. Rangsdorf bei Berlin, Basilisken Presse.

Loske, Manfred (2015): Politik der Zukunftsfähigkeit. Konturen einer Nachhaltigkeitswende. Frankfurt, Fischer.

Luks, Fred (2001): Die Zukunft des Wachstums. Theoriegeschichte, Nachhaltigkeit und die Prinzipien einer neuen Wirtschaft. Marburg, Metropolis.

Mäder; Ueli u. a. (2010): Wie Reiche denken und lenken. Zürich, Rotpunkt.

Marlow, Maude (2014): Blaue Zukunft. Das Recht auf Wasser und wie wir es schützen können. München, Kunstmann.

Marterbauer, Markus (2011): Zahlen bitte. Die Kosten der Krise tragen wir alle. Wien, Deuticke.

Mattersburger Kreis (Hg., 2013): Gutes Leben für alle - ein Entwicklungsmodell für Europa? Journal für Entwicklungspolitik 3013/3.

Meister, Markus (2013): Teller oder Tank? Vortrag beim Afro-Asiatischen Institut Salzburg.

Mendelssohn, Felix de (2011): Nachhaltigkeit bedeutet ständiges Weiterarbeiten. Interview mit Gabriele Sorgo. In. Diess. (Hrsg.): Die unsichtbare Dimension. Bildung für nachhaltige Entwicklung. Forum Umweltbildung, Wien, S. 95 – 104.

Mettler- von Meibom, Barbara (2001): Ortsqualität oder: Der Traum vom guten Leben. In: Jahrbuch Ökologie. Frankfurt, Fischer.

Mitzscherlich, Beate (2001): Die psychologische Notwendigkeit von Beheimatung. In: A. Bucher u.a. (Hg.): Heimat in einer globalisierten Welt. Wien, ÖBV.

Moser, Michaela; Schenk, Martin (2009): Es reicht. Für alle. Wien, Deuticke.

Müller, Christa (Hg. 2011): Urban Gardening. Über die Rückkehr der Gärten in die Stadt. München, oekom.

Muschg, Adolf (1993): Alte Mauern, ganz neu. In: Jean Christoph Rufin: Das Reich und die neuen Barbaren. Berlin, Berlin-Verlag.

Nair, Chandran (2011): Der große Verbrauch. Warum das Überleben unseres Planeten von den Wirtschaftsmächten Asiens abhängt. München, Riemann.

OECD (2012): Sick on the Job? Myths and Realities about Mental Health and Work, Mental Health and Work, OECD Publishing. http://www.oecd.org/els/emp/49227343.pdf

Österreich 2025. Trend- und Chancenfelder in und für Österreich. (2010) Hrsg. v. Zukunftsinstitut Österreich in Zusammenarbeit mit Karmasin Marktforschung. Harry Gatterer … (Mitarb.) Kelkheim, Zukunftsinstitut.

Österreichischer Ernährungsbericht (2012). Institut für Ernährungswissenschaften i.A. des BM für Gesundheit. Download: http://bmg.gv.at/cms/home/attachments/4/5/3/CH1048/CMS1348749794860/oeb12.pdf

Ortner, Christian (2013): Hört auf zu heulen. Wien, Edition a.

Paech, Niko (2012): Befreiung vom Überfluss. Perspektiven einer Postwachstumsökonomie. München, oekom.

Pfluger, Christoph (2015): Das nächste Geld. Solothurn, Edition Zeitpunkt.

Piketty, Thomas (2013): Das Kapital im 21. Jahrhundert. München, Beck.

Politische Ökologie (Hg. 2013): Vom rechtem Maß. Suffizienz als Schlüssel zu mehr Lebensglück und Umweltschutz. München, oekom.

Popp, Reinhard et al (2010): Lebensqualität – Made in Austria. Wien, Lit-Verlag.

Postman, Niel (1985): Wir amüsieren uns zu Tode. Urteilsbildung im Zeitalter der Unterhaltungsindustrie. Frankfurt, Fischer.

P. M. (2010): Neustart Schweiz. So geht es weiter. Solothurn, Edition Zeitpunkt.

Precht, Richard David (2015): Echte Träume, echte Not. In: DIE ZEIT, 30. Dezember 2015, S. 39-40.

Radermacher, Franz Josef; Beyers, Bert (2011): Welt mit Zukunft. Die ökosoziale Perspektive. Hamburg, Murmann.

Rinderspacher, Jürgen (2005): Zeitwohlstand in der Dreizeitgesellschaft. In: Hartmut Seifert (Hg.): Flexible Zeiten in der Arbeitswelt. Frankfurt, Campus.

Rosa, Hartmut (2013): Beschleunigung und Entfremdung. Frankfurt/M., Suhrkamp.

Sachs, Wolfgang (1993): Die vier E´s. In: Politische Ökologie Nr. 33, S. 69-72

Salcher, Andreas (2012): Nie mehr Schule - Immer mehr Freude. Ecowin, Salzburg.

Schmidt-Bleek, Friedrich (1997): Wie viel Umwelt braucht der Mensch? Faktor 10 - das Maß für ökologisches Wirtschaften. dtv, München.

Schneidewind, Uwe; Zahrndt, Angelika (2013): Damit gutes Leben einfacher wird. Perspektiven einer Suffizienzpolitik. München.

Schridde, Stefan (2014): Murks. Nein danke. Was wir tun können, damit die Dinge besser werden. München, oekom.

Seidl, Irmi; Zahrndt, Angelika (Hg., 2010): Die Postwachstumsgesellschaft. Konzepte für die Zukunft. Marburg, Metropolis.

Sedlácek, Tomás; Orell, David (2013): Bescheidenheit. Für eine neue Ökonomie. Gespräch mit Roman Chlupatý. München, Hanser.

Sedlácek, Tomás, Tanzer; Oliver (2015): Lilith und die Dämonen des Kapitals. Ökonomie auf Freuds Couch. München, Hanser.

Sedmak, Clemens (2013): Armutsbekämpfung. Wien, Böhlau.

Sorgo, Gabriele (2011): Das Konsumdispositiv. Warum wir nicht anders handeln, obwohl wir es besser wissen. In: Diess. (Hg.): Die unsichtbare Dimension. Bildung für nachhaltige Entwicklung im kulturellen Prozess. Wien, Forum Umweltbildung, S. 107-124.

Stahmer, Carsten et al (2006): Die Halbtagsgesellschaft. Konkrete Utopien für eine zukunftsfähige Gesellschaft. Baden-Baden, Nomos.

Umweltbundesamt (1998): Nachhaltiges Deutschland. Wege zu einer dauerhaft umweltgerechten Entwicklung. Schmidt: Berlin.

UN-Klimabericht (2014): Climate Change 2014. Synthesis Bericht. Download: http://www.de-ipcc.de/de/200.php.

Unterbruner, Ulrike (2011): Geschichten aus der Zukunft. Wie Jugendliche sich Natur, Technik und Menschen in 20 Jahren vorstellen. München, oekom.

Verein Monetäre Modernisierung (Hg., 2013): Die Vollgeld-Reform. Wie Staatsschulden abgebaut und Finanzkrisen verhindert werden können. Solothurn, Ed. Zeitpunkt.

Vobruba, Georg (2000): Alternativen zur Vollbeschäftigung. Frankfurt, Suhrkamp.

Wally, Stefan (2014): Wer sich von der politischen teilhabe verabschiedet. Gemeinsam mit Ernestine Depner. JBZ-Arbeitspapiere, 20.

Weltagrarbericht (2009): Wege aus der Hungerkrise. Die Erkenntnisse des Weltagrarberichtes und seine Vorschläge für eine Landwirtschaft von morgen. Download: http://www.weltagrarbericht.de

Welzer, Harald; Leggewie, Claus (2009): Das Ende der Welt, wie wir sie kannten. Frankfurt, Fischer.

Welzer, Harald (2011): Vom Verlassen der Komfortzone. Im Gespräch mit Hans Holzinger. In: Salzburger Nachrichten 19. 9. 2011.

Welzer, Harald (2013): Selbst denken. Eine Anleitung zum Widerstand. Frankfurt, Fischer.

Weizsäcker, Ernst U. (2011): Allianz Europa-Asien. Neubeginn der globalen Umweltpolitik? In: Jahrbuch Ökologie 2012. Stuttgart, Hirzel. S. 126 - 137.

Wilkinson, Richard; Pickett, Kate (2009): Gleichheit ist Glück. Warum gerechtere Gesellschaften für alle besser sind. Berlin, Berlin-Verlag.

Wissenschaftlicher Beirat der Deutschen Bundesregierung (2011): Globale Umweltveränderungen: Die Große Transformation. Berlin, Eigenverlag.

Worldwatch Institut (2010): Einfach besser leben. Nachhaltigkeit als neuer Lebensstil. Zur Lage der Welt. München, oekom.

Wuppertal Instituts für Klima, Umwelt, Energie (2005). Fair Future. Begrenzte Ressourcen und globale Gerechtigkeit. München, Beck.

Wuppertal Instituts für Klima, Umwelt, Energie (2008): Zukunftsfähiges Deutschland in einer globalisierten Welt. Fischer, Frankfurt.

Ziegler, Jean (2014): Ändere die Welt. Warum wir die kannibalische Weltordnung stürzen müssen. München, C. Bertelsmann.

## Filme

Die 9. Intelligenz - die Intelligenz des Herzens. Produziert in Zusammenarbeit mit den Familientherapeuten Helle Jensen und Jesper Juul. DVD.

Plastic Planet. Eine Film von Werner Boote. DVD.

Speed. Auf der Suche nach der verlorenen Zeit. Ein Film von Florian Opitz. DVD.

Taste the Waste. Ein Film von Valentin Thurn. DVD.

Treibhäuser der Zukunft. Eine Filmtrilogie von Reinhard Kahl. DVD.

We feed the world. Ein Film von Ernst Wagenhofer. DVD.

Wer rettet wen? Die Krise als Geschäftsmodell auf Kosten von Demokratie und sozialer Sicherheit. Ein Film von Leslie Franke u.a. DVD.